QUWEI WUHAN FANGYAN

趣味武汉方言

主编　叶章群　吴克服

長江出版傳媒
湖北科学技术出版社

图书在版编目（CIP）数据

趣味武汉方言 / 叶章群，吴克服主编 . —武汉：湖北科学技术出版社，2024.1
ISBN 978-7-5706-2325-9

Ⅰ. ①趣…　Ⅱ. ①叶…　②吴…　Ⅲ. ①西南官话－方言研究－武汉　Ⅳ. ① H172.3

中国版本图书馆 CIP 数据核字（2022）第 229813 号

责任编辑：李　青
责任校对：陈横宇　张　婕　　　封面设计：张子容

出版发行：湖北科学技术出版社
地　　址：武汉市雄楚大街 268 号（湖北出版文化城 B 座 13—14 层）
电　　话：027-87679468　　　邮　　编：430070

印　　刷：武汉科源印刷设计有限公司　　　邮　　编：430299

710×1000　1/16　17.75 印张　150 千字
2024 年 1 月第 1 版　2024 年 1 月第 1 次印刷
定　　价：35.00 元

方言是地区传统文化的活化石，抢救方言资源，已经成为语言学研究者的当务之急。武汉方言内涵丰富、特点鲜明、别具一格。因此认真总结，努力传承，时不我待。

编　委　会

主编简介

叶章群，武汉人，中华医学会泌尿外科学分会前任主任委员，湖北省医学会泌尿外科学分会名誉主任委员，湖北省泌尿外科研究所所长，国际尿石联盟(IAU)主席，《现代泌尿生殖肿瘤杂志》主编。获全球华人泌尿外科成就奖、国际泌尿外科学会(SIU)终身成就奖、吴阶平泌尿外科医学奖、裘法祖医德风范奖。

吴克服，武汉人，企业资深高级管理人员。涉猎广泛，喜欢阅读文学、历史类书籍，对武汉民俗有一定的研究，著有《武汉人的码头文化》《探寻“武汉方言”之根》等文章。

前　言

方言是语言的地域变体，具有丰富的文化底蕴，它是地域文化的载体，表达地区的文化特色，也是该地区传统文化的活化石。它传承着宝贵的文化遗产，千百年以来，口耳相传，是植根于民间的文化形态，具有深厚的民间文化土壤。方言理应得到重视和保护。

中国地域辽阔，方言众多，一般认为汉语分为七大方言，通常把武汉方言归为西南官话。武汉方言具有鲜明的特点，别具一格。武汉方言的发音没有翘舌音，也没有前鼻音和后鼻音之分，有些发音在字典里，要么查不到拼音组合，要么有拼音组合却没有相应的发音声调，同时也难找到具有相同内涵的同音字来表达。武汉方言中一词多义、多词一义现象屡见不鲜，如武汉人一个“搞”字，可以替代很多动词，诸如此类、不胜枚举。

本书中所收集的部分武汉方言，是指武汉老城区居民的习惯用语，不含黄陂、蔡甸、江夏、新洲等地的方言。现在网上有很多解释武汉方言的文章，值得学习和借鉴。但总的来说，搜集得不太全，没有把老百姓在日常生活中如何运用方言完整地表述出来。而既释义，又用武汉方言造句的书籍几乎难以见到。我们搜集、整理这些方言成书的目的有两个：一是将武汉方言的魅力和趣味展现给读者，特别是中老年读者，使他们读后有亲切感和怀旧感；二是很多方言在全球化、互联网大背景的冲击下，随着时代的变迁，已经在慢慢失传，因此我们有责任和义务去挖掘并对其加以保护。当然我们也十分期望对此有兴趣的朋友和广大有识之士一起来关心和支持武汉方言的收集整理工作。

今天，我们编写这本书的宗旨是宣传、推广、传承方言文化。方言记载了乡音、乡情、乡念，它可以让广大读者去吹吹“故乡的风”，去看看“故乡的云”；也可以让游子去体会“乡音无改鬓毛衰”的情怀。乡音是母语，是我们的文化之根。“把根留住”，秉承这个宗旨，我们搜集的是生活中常见、常用的方言，力求“接地气”，具有以下五个特点：一是在例句中尽量应用日常生活中常见的语言（方言传承，重要的是语言在生活中的应用）；二是为了便于理解，部分词语书中配有插图；三是对于不常见，比较生僻的汉字标注与之相近的读音；四是配有音频，逐条解读方言词语，读者用手机扫描书页中的二维码，即可获听；五是对于极个别无恰当同音字代替，但在生活中经常用到，不能无视的词语，如 zei（阳平，聪明、机灵），本书采用了汉语拼音注解方法。

由于水平所限和方言的传播特点，在搜集、整理的过程中可能会存在对某些方言的用字不准确，理解和解释不到位、不完整，或在造句中应用不够贴切的瑕疵，甚至可能会出现错误的解释等，敬请广大读者批评和指正。同时，由于接触面的局限以及时间有限，还有很多武汉方言我们没有搜集到。因此，我们期望能在社会各方面的帮助和支持下，继续编出续集，把一个完整的、多姿多彩的武汉方言还原于社会，并把它传承下去。

目　　录

武汉方言词语首字笔画索引

一、本索引按词语正文条目首字的笔画由少到多排列。

二、笔画相同的字，按前五笔的“横、竖、撇、点（包括捺）、折”顺序排列。

五画

六画

七画

八画

九画

十画

十一画

十四画

十五画

十六画

十七画

十八画以上

武汉俏皮话(歇后语)首字笔画索引

武汉方言词语

1. 一丁嘎

相关词语：一丁嘎嘎、一丁丁、一点点、一咪咪、一咪滴

1. 指人和事物数量少；

如：今天的活动只来了一丁嘎的人。

2. 指人的年龄或个子小；

如：你一丁嘎小我就带你出去玩，你还记不记得。

3. 指事物的程度或形状小；

如：他遇到一丁嘎的事就慌了。

1～4
扫一扫，听听看

2. 一了的

指一直如此的意思。

如：这伢（孩子）一了的都是学霸，在学校里考试总是第一名。

3. 一丫

指物体中的某一部分。

如：这橘子蛮甜，一人分一丫。

4. 一口一杯

比喻说话算数，只要承诺了，就一定会完成，不拖泥带水

的意思。

如：你交代的事，我答应了就一定会完成，一口一杯，放心吧。

5. 一天到黑

指一整天、一天到晚。

如：他一天到黑都不在屋里。

5～9
扫一扫，听听看

6. 一头包

指遇到棘手的问题很头疼。

如：老板布置的这个任务太难了，我忙了几天还是一头包，毫无头绪。

7. 一句话管总

指一言以蔽之。

如：一句话管总，我再也不做这种苕事了。

如：说了这么多，一句话管总，老板布置的任务一定要完成。

8. 一把的

形容一伙的。

如：烧窑的，卖瓦的，都是一把的。

9. 一时时

1. 指断断续续；

如：今天肚子一时时地疼。

2. 指有时候这样，有时候那样；

如：最近生意有时候好，有时候不好，一时时的。

10. 一屁股

比喻（债务）极多。

如：他做生意亏了，欠了一屁股的债。

11. 一挖耳

挖耳：挖耳屎的勺。一挖耳为极少的意思。

如：他做了一挖耳的事，像不得了的，还要表功，不堪重用。

12. 一起把连

指一共，一起的意思。

如：本来是去买笔记本电脑的，后来又看中了平板，干脆一起把连都买了。

13. 一措

指长形物体中的某一段。

如：一根甘蔗剁五措，一人一措。

10～14
扫一扫，听听看

14. 一脚蹬

1. 一种没有带子和扣子的鞋子；

如：老周穿的一脚蹬的鞋子，蛮时尚。

2. 全部甩卖掉；

如：剩最后一点货了，一脚蹬便宜卖。

15. 一碗都是我的

指一切由我来负责，一切由我承担。

如：今天同学聚会，吃、喝、玩一碗都是我的啊。

16. 一摸带十杂、烧火带引伢

指大事、小事、所有事务都包干的意思。

如："你每天都下班这么晚啊！"

"哎呀！莫谈，一摸带十杂、烧火带引伢，做不完。"

17. 一朝排

指一排、一行，泛指很多的意思。

如：今天我们一朝排人去省博物馆，结果疫情期间限制人数，进不去。

18. 一道汤

形容一次性的，简化手续（把事情给办了）。

如：有么事我们一道汤搞完。

19. 二了的

指满不在乎的意思。

如：他这个人随做么事都像个二了的，散漫惯了，成不了气候。

20. 二五点子

相关词语：二五眼子

1. 说话阴阳怪气，尖酸刻薄；

15～20
扫一扫，听听看

如：你莫在那里搞巧（损人），讲些二五点子话以为我听不懂！

2. 说话不着边际，让人琢磨不透；

如：老王在单位里不逗人喜欢，满嘴二五点子的话。

21. 人叫不走、鬼叫飞跑

比喻好的不学，不好的学得快的意思。

如：老师说你又逃学跟外面的流打鬼（流氓）混，你呀！人叫不走、鬼叫飞跑。

22. 七像八不像

21～24
扫一扫，听听看

1. 不伦不类；

如：他穿得七像八不像的。

2. 不周到；

如：你这件事做得七像八不像的，看你怎么跟领导交代。

23. 七死八活

形容死去活来的意思。

如：这次感染了新冠病毒的老年人，被折磨得七死八活的。

24. 七拱八翘

1. 不平整，不整齐；

如：这条路七拱八翘的，小轿车通行困难。

2. 不和谐，互不买账；

如：本来想组织大家出去旅游的，但就是七拱八翘的达不成共识,干脆取消算了。

25. 八万

1. 没有禁忌;

如:这件事你找我吵,八万、岔的(没问题)。

2. 形容傲慢;

如:看他个八万的样子!

25～29
扫一扫,听听看

26. 八面

比喻疯子或情绪不稳定的人。

如:他是个八面,动不动就翻脸,单位里谁都不敢惹他。

27. 八谱

比喻大致的内容和情况。

如:这件事我知道个八谱,具体细节还要了解一下。

28. 儿子伢

男孩子的通称。

如:儿子伢要勇敢点。

29. 几咱

相关词语:几们咱、几咱些

指几时,什么时候的意思。

如:你几咱出差啊?我好订机票。

如:明天到东湖去玩,你看早上几们咱出发?

如:你说要带我们出去旅游的,几咱些能定下来?

30. 刀子

1. 用于切、削、割、砍、铡的工具；

如：这把刀子好锋利。

2. 量词，计算纸张的单位，通常为 100 张；

如：买一刀宣纸练习书法。

3. 指扑克牌；

如：这副刀子旧了，换副新的来玩。

31. 刁

1. 挑剔；

如：他嘴巴很刁，有偏食的习惯。

2. 刁钻；

如：这道题太刁钻了，我不会做。

3. 挑拨；

如：我们之间的矛盾，是他刁起来的。

30～34
扫一扫，听听看

32. 刁巧

指异样、奇特。

如：这个烟斗的造型很刁巧，我要把它收藏起来。

33. 三不之

指偶尔，有时候。

如：平时我不抽烟，但有时累了，三不之抽上一支。

34. 三把两样

形容行动很快。

如：他三把两样就吃完了。

35. 三掉弯

指弯弯曲曲、歪歪扭扭的。

如：这个人看到不舒服，长得像三掉弯。

35～40
扫一扫，听听看

36. 三起两道

指零零落落，断断续续的意思。

如：你们最好一起来，三起两道的我不好招呼。

37. 干哕[1]

指想吐而吐不出来。

如：吃不下东西，看到食物就想干哕。

38. 干将的

指干巴巴的没什么油水的意思。

如：现在单位业务受影响，只发工资，没奖金，荷包里干将的。

39. 干进了

指没有水分或水分很少。

如：今天路面干进了，可以穿布鞋出门。

40. 才路

相关词语：才将

① 哕，音近似于读约。

指刚才、以前不久的意思。

如：他才路还在这里，怎么眨个眼就不见了。

41. 下水

指动物内脏。

如：猪下水含胆固醇比较高，不要多吃。

42. 下扠

开始动手，着手了。

如：这件事半年前就计划好了的，拖到现在还冒下扠。

43. 下饭菜

1. 指可口的菜，适合吃饭；

如：榨菜炒肉丝是大家比较喜欢的下饭菜。

2. 也比喻指手到擒来，轻松搞定；

如：这件事交给小王就对了，对他而言那就是下饭菜，轻松搞定。

3. 指被压制、欺凌的人；

如：你简直把他当了下饭菜。

41～44
扫一扫，听听看

44. 下活

指倒、刷、洗马桶。

如：过去由于公共厕所很少，每天早晨就有人拖着粪车，高声地叫："下活了咧。"听到叫声后，大家都出来倒掉秽物。

45. 下恶耙

指要使用严厉的手段。

如：听说老板要下恶耙整治公司里迟到、早退的行为。

46. 下疙瘩吃

指煮面疙瘩吃。

如：简单一点，弄点灰面（面粉）下疙瘩吃，就行了。

47. 大口大腮

指大包大揽的意思。

如：他这个人随做么事都喜欢大口大腮的，其实冒得几大个能耐。

45～48
扫一扫，听听看

48. 大拃[1]

相关词语：大候、小拃、小候、死拃、死候

指张开大拇指与中指或无名指之间的距离，打弹珠的术语。

---

① 拃，音眨。

如:这个距离有点远,只能赢一个大拃了。

小拃

指张开大拇指与食指两端的距离。

如:哈哈,又可以赢两个小拃,好过瘾。

48
扫一扫,听听看

死拃

所有弹珠运动停止后,弹珠轨迹终点之间的距离在大,小拃的范围内,获得死拃者将得到较大的报酬。

如:今天运气来了,捉了三个死拃。

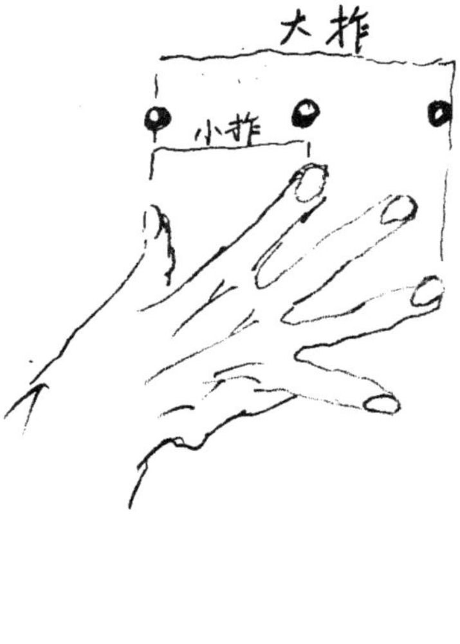

49. 大碑

比喻个子比较大。

如:这伢的个子1米9,好大个碑啊。

50. 万金油

形容什么都会点。

如:小刘对泥工、木工、电工都蛮在行,像个万金油,随么事都可以搞一下。

51. 上气

指(蒸食物时)蒸气达到了饱和。

如:饭上气了,你去把煤气关掉。

49~54
扫一扫,听听看

52. 上添

指挑拨,进谗言。

如:他有的无的总是跑到领导那里去上添,大家都很烦这种小人。

53. 小伢

相关词语:小把戏、萝卜坨

指小孩子,较幼小没有成年的人。

如:闹新房是大人们的事,你个小伢跑来凑么热闹啊。

54. 小眉小眼

1. 眼睛小;

如:你莫看他长得小眉小眼,还蛮有女人缘的。

2. 小气；

如：他用钱小眉小眼的，把女朋友气跑了。

3. 格局小；

如：做领导的，在用人方面要有大格局，不要小眉小眼地计较别人的小缺点，要扬长避短，发挥人的长处。

55. 口条

55～58
扫一扫，听听看

相关词语：赚头

1. 猪、牛等动物的舌头；

如：猪口条卤倒吃，是道下酒的好菜。

2. 能说会道；

如：他是我们这一带有名的口条，你说不赢他的。

56. 口里发苦

指身体有病或不适，口里有苦味。

如：昨晚喝多了，现在还口里发苦，随么事都不想吃。

57. 个杂子是的

一句口头禅。长辈对晚辈爱用的口头语，很熟悉的人才会用这种语气说话。

如：个杂子是的！这难的事被你搞定了，不容易。

58. 么事

相关词语：么斯

指什么的意思。

1. 问事物；

如：你找我有么事？

2. 虚指；

如：你这两天搞么事去了，完全冒看到你的人咧。

3. 任指；

如：他随么事都不怕。

4. 惊讶；

如：这是搞的么事啊！

59～63
扫一扫，听听看

59. 么板眼

相关词语：么名堂

指什么原因，怎么回事。

如：么板眼啊！是哪个又把她搞翘气了。

60. 卫护

袒护的意思。

如：在家里，一般姐姐是最卫护弟弟的。

61. 飞天

指（小孩）顽皮。

如：这个小伢真是个飞天，闲不住。

62. 女将

已婚妇女的通称。

如：打毛线（织毛衣）是女将做的事，男将（男人）干不好。

63. 马

1. 指小轿车；

如：我们今天出去玩，把你的马开过来吧。

2. 蒙混、骗取；

如：他这个人有点马，总把别人的东西混走了。

3. 糊涂、出错；

如：昨天晚上酒喝马了。

64. 马倒个脸

指板着脸，脸色不好的意思。

如：不要老是马倒个脸，对人要和气一点。

65. 马倒搞

指蛮干。

如：做任何事情，事前要想清楚，莫马倒搞。

66. 开干净

开：擦。

如：把脸开干净。

67. 天涩

指阴雨天气，湿度大。

如：明天天涩，出门一定要带伞。

如：天涩，衣服晾不干。

64～68
扫一扫，听听看

68. 无大八大

形容很大。

如：你们说话的声音无大八大，像吵嘴的。

69. 无长八长

形容很长。

如：这山路无长八长的，我爬不动了。

70. 无辣八辣

指很辣。

如：今天的菜无辣八辣的，不敢吃。

69～75
扫一扫，听听看

71. 无油盐的话

指废话。

如：这个人的报告都是些无油盐的话，根本不在点子上。

72. 五马六道

形容凶狠野蛮的样子。

如：不要去惹他们，都是些五马六道的家伙。

73. 五谷六米

泛指粮食。

如：人吃五谷六米哪有不生病的？

74. 匀一点

指分一点的意思。

如：你有那么多毛尖茶，能不能匀一点我喝一下。

75. 扎心

指烦心、厌烦。

如：现在经常碰到一些蛮扎心的人，拿钱不干事。

76. 扎杠

指厉害、过硬的意思。

如：这个人蛮扎杠，干活一个人顶几个人。

77. 扎起台子搞

相关词语：扎台子

指两人以上串通一气来对付某人某事。

如：他们扎起台子来搞破坏。

76～80
扫一扫，听听看

78. 扎倒搞

指组成团队去做。

如：这件事太复杂了，我一个人搞不了，必须我们扎倒搞才行。

79. 扎得紧

指很团结，齐心。

如：他们这个小圈子扎得蛮紧的，一点风声都露不出来。

80. 木砟[1]了

相关词语：木咱的、木眨了

1. 不明白、木然的样子；

如：你云里雾里说了半天，把人搞得木砟了。

2. 没有味道的感觉；

如：这个菜今天没做好，吃得口里木砟了。

---

[1] 砟，音眨。

81. 支

相关词语：支皮、橡皮

指(用东西)抹掉，擦掉。

如：他做作业不认真，总是写错了，不停地用橡皮支。

82. 不中神

指不行了，不中用了。

如：人老了，眼睛不中神了，字小了看不清楚。

83. 不耳你

指不理睬你。

如：不是我不耳你，我的确是冒听到。

81～85
扫一扫，听听看

84. 不耳闲

相关词语：不管闲

指不管事，不操心，置之不理。

如：现在有些年轻人，生了伢(小孩)交给两个老的，完全不耳闲。

85. 不过窍

1. 不机敏、反应迟钝；

如：我把操作流程已讲了几遍，你怎么还不过窍呢？

2. 乖僻、不通情理；

如：今天的活动很重要，像他那样不过窍的人，最好不要参加。

86. 不同款

指与众不同。

如：你还真不同款，这冷的天不穿袄子，我们穿了都冷得直筛（发抖）。

87. 不听进

86～91
扫一扫，听听看

形容程度很深。

如：他丑得不听进。

如：这伢苕得不听进。

88. 不识黑

指不知道别人很厉害。

如：他从小就练过武的，你想跟他过招，不识黑吧。

89. 不沾边

指与主题不相干的人或事。

如：你说的事与我的工作不沾边，我帮不了这个忙。

90. 不服周

相关词语：不服啄

指不服气，不服输。

如：么样？不服周，再来一局你还是会输。

91. 不松着眼

形容不松气，紧跟着。

如：我搞么事，他就跟倒搞么事，一下都不松着眼的。

92. 不做声不做气

指不声不响。

如：他不做声不做气就把事情做完了。

93. 不消说

指没有必要再说，肯定的意思。

如：东西不见了，不消说得，肯定是他偷的。

94. 不短手

指出手比较大方。

如：他这个人蛮讲胃口，跟朋友出去花钱从不短手。

95. 不惶牌

指处事不惊，不乱阵脚的意思。

如：这伢遇事不惶牌，长大肯定会有出息的。

96. 不像粮食

比喻差劲，低劣，不像样子。

如：这群人一天到晚只会无所事事，不像个粮食。

97. 冇得

相关词语：冇、冒得、冇有、冒有

指没有的意思。

如：冇得金刚钻，莫揽瓷器活。

92～98
扫一扫，听听看

98. 车

指“打”的意思。

如:这小孩太调皮,我气不过,车了他两巴掌。

99. 车过来

指转过身来的意思。

如:医生用听诊器听了我前胸,要我车过来听后背。

100. 车舵

相关词语:车了、车一下、闪了

指离开,回避。

如:他们在谈工作,我们最好车舵。

99～104
扫一扫,听听看

101. 瓦沟

指牛的前腿和腹部之间的肉,牛腩。

如:买点瓦沟回去做牛腩芋头煲吃。

102. 日白

指吹牛的意思。

如:他只会日白讲大话,不做实事。

103. 日头

指太阳。

如:今天的日头蛮晒人,出门要打把太阳伞才好。

104. 水了

相关词语:水客、点水

指告发,告密。

如:我们几个人昨天谈的事,今天怎么其他人都晓得了,肯定有人水了。

105. 水堂

相关词语：水货

指没有什么能耐，名不符实的人。

如：他哪是什么专家，分明是个水堂（水货）。

106. 见疑

指多心，起疑心。

如：他这个人蛮喜欢见疑，你跟他说话一定要过细（小心）一点。

如：我说错了，您家莫见疑啊！

107. 反手

指反抗，还手。

如：小伢长大了，知道反手了。

105～109
扫一扫，听听看

108. 反脸

指翻脸，态度突然变坏。

如：两个人玩得好好的，怎么一下就反了脸咧。

109. 手冻拽了

形容手指冻得伸不直了。

如：天气太冷了，手都冻拽了。

110. 手筑了

手指软组织受伤了。

如:今天打篮球把手筑了,手指肿得像个棒子。

111. 牛妈妈

指牛奶。

如:小伢冒得母乳吃了,每天只能喝牛妈妈。

110～113
扫一扫,听听看

112. 毛了

相关词语:发毛、毛

1. 发脾气;

如:他不会无缘无故地发脾气的,肯定是你们把他惹毛了。

2. 用指弓扣打;

如:我毛你两下的。

113. 毛子鱼

指鲤鱼。

如：毛子鱼是做腊鱼的好食材，农历冬至以后就可以腌制了。

114. 毛痞

指作弊，违反游戏规则。

如：打牌发个么拖（暗示）咧，你这不是毛痞？

114～119
扫一扫，听听看

115. 毛焦火辣

心急火燎，形容非常着急。

如：考试题不会做，急得我毛焦火辣。

116. 毛赖

指耍赖，言而无信的行为。

如：说好了走棋不能悔的，你又毛赖，真冒得羁心（留意）。

117. 气死不忿

指心里不服气，不平衡。

如：我得了表扬，跟你又冒得关系，你为么事气死不忿的啊！

118. 气色

1. 鼻子可以闻到的味道；

如：一股花香的气色飘过来了。

2. 人的精神和脸色；

如：人逢喜事精神爽，你看他气色几好呃。

119. 气泡鱼

指河豚，形容很臃肿样子。

如:冬天穿件羽绒袄子,显得像气泡鱼样。

120. 长趟子

指营运车辆线路距离较长的生意。

如:今天我开的士跑了个长趟子,从汉口直接拉到东湖景区。

121. 仆倒

120～123
扫一扫,听听看

相关词语:葡倒

指俯,脸向下,平扑在地上。

如:冰冰跑急了,仆倒在地上,哇哇大哭。

122. 仁丹胡子

指胡须集中在人中一带。

如:你蓄个仁丹胡子,看着很讨厌。

123. 公一哈、母一哈

相关词语:公一天、母一天

指收入时多时少、生意时好时坏、心情时好时坏、某些活动时有时无等。

如:练书法要有恒心,不能公一哈,母一哈,否则练不出来。

124～128
扫一扫，听听看

124. 欠不欠

相关词语：牵、牵不牵、牵牵挂挂

指想，想念，挂念。

如："瓜瓜，一个月没有去吃肯德基，你欠不欠呀？"

"哦，好欠啊。"

125. 欠吃欠喝

"欠"比喻羡慕、期盼。欠吃欠喝就是期盼着有吃有喝的意思。

如：小时候家里很穷，总是欠吃欠喝的。

126. 风皮

指头皮屑。

如：刚洗了头的，还有这么多风皮，么样搞啊。

127. 风筝淌了

指放风筝时断线飘落了。

如：前天带外孙到江边放风筝，结果风筝淌了，挂到电线杆子上去了。

128. 乌拉稀

相关词语：稀烂

指一塌糊涂。

如：数学考试只得了 28 分，你这是考的么乌拉稀啊！

129. 乌眉皂眼

本指脸上肮脏，现泛指其他东西脏，并比喻不鲜明、模糊、难看等。

如：你脸上乌眉皂眼的，要好好洗一下。

130. 勾头

指做菜的配料。

如：今天做的牛腩煲用白萝卜做的勾头，没有用土豆。

131. 火

129～133
扫一扫，听听看

相关词语：管子

指枪支。

如：国家严格管制火、管子有利于社会安定。

132. 斗不拢

1. 指对不上、合不拢的意思；

如：这个榫头太大了，应该削一些，否则完全两边斗不拢。

2. 指人不清白的意思；

如：《都市茶座》里有个角色叫“斗不拢”，总是一副傻里傻气的样子。

133. 斗卧单

指把床单拼接起来。

如：卧单（床单）中间破了，裁哈子（剪裁一下），把两边斗起来还可以再用一些时。

134. 斗合子

相关词语：斗盒子、扎台子

指两人以上串通起来对付其他人和事。

如：你莫老与他们几个玩，他们会斗合子骗你的。

135. 心里默了下

指心里想了一下，算计了一下。

如：我在市场上转了一圈，心里默了一下，他们家卖的东西不贵。

134～138
扫一扫，听听看

136. 心窟眼

指心窍，心眼。

如：她心窟眼蛮多，看中了么东西就往屋里哈(捞)。

137. 心里冇得数

相关词语：冇得数、心里冇得哈数、心里冇得太阳、心里冇得月亮、心里冇得玫瑰

1. 不了解相关情况；

如：你还准备买股票？心里冇得数，这几天跌得黑死人(很吓人)的。

2. 不知分寸；

如：你心里冇得数，这件事你没有能力办好。

138. 引火

指导火使之燃烧。

如：等下生炉子拿点刨皮去引火，要不然生不着的。

139. 丑贩子

平时好好的，但说翻脸就马上翻脸了。

如：老刘这个人蛮讲义气，但是个丑贩子，要顺着毛摸。

140. 巴心巴肝

形容急切希望的样子。

如：他巴心巴肝地把这个宝贝弄到了手。

141. 巴本

139～143
扫一扫，听听看

相关词语：扒本

1. 捞回来；

如：输了要巴本，赢了就开溜。

2. 抓住机会，拼命做自己喜欢的事；

如：这些时没有出去玩，一有机会就出去打了三天三夜的麻将，巴本！

142. 巴家

1. 勤俭持家，精打细算；

如：我老婆蛮巴家，稍微贵一点的东西她都舍不得买。

2. 为家庭着想；

如：我这么巴家，还不是想让家里过得好一点。

143. 打八叉

倒手翻，一种武术动作。指双手落地、双脚朝上张开，

360 度旋转站立，一气呵成。

如：小时候我们在河边的沙滩上，经常玩打八叉游戏。

144. 打八折的裤子

指裤腰很大，穿时需要折叠的裤子。

如：服装随时代不断地在更新，以前很多男士穿的都是打八折的裤子，既不方便也无美感，有时还担心裤子垮了。

145. 打了锣

指完了，收场了的意思。

如：今天一天又打了锣，什么事都没做成。

144～145
扫一扫，听听看

146. 打不住坨

指原来的预算不能满足需求。

如:按会议标准晚餐人均 50 元,实际用了 80 元,原来的标准打不住坨。

147. 打瓦

146～151
扫一扫,听听看

指运势没落,家道中落。

如:他家里打瓦了。

148. 打平伙

平均凑份子,相当于现在的 AA 制。

如:今天吃饭打平伙,不要哪一个人买单。

149. 打发告花子

指应付一下了事。

如:请他赞助我们开一个研讨会,他就出了几百块钱,完全是打发告花子的做法。

150. 打包练草

相关词语:打草练铺

指客人在家里可以很随意,不生分。

如:他是我的娃娃朋友,小时候我在他家打包练草,很随意。

151. 打夹帐

指虚报账目,从中获利。

如：今天买了 50 块钱的菜，跟老婆讲花了 80 块钱，打了 30 块钱的夹账。

152. 打岔

152～154
扫一扫，听听看

1. 指小便；

如：等一下，我去打个岔。

2. 指：插嘴；

如：我说话你莫打岔吵，搞得我讲到哪里都忘记了。

153. 打赤巴

指裸露上半身。

如：一天到黑打个赤巴，裤脚卷倒，没个正经像。

154. 打条瓜

指裸露下半身。

如：童童打个条瓜真好玩，屁股长得肥坨了的。

155. 打赤巴条瓜

指一丝不挂,全裸。

如:兵兵! 这冷的天打个赤巴条瓜冷不冷啊!

156. 打板子

指没有做好,被退回或被否定。

如:昨天交上去的报告被打了板子。

155~157
扫一扫,听听看

157. 打码头

1. 用暴力手段抢占地盘;

如:过去为了生存和发展而打码头,是码头文化的标识之一。

2. 打开局面;

如：现在经商也讲打码头，就是要打开局面。

158. 打洋判招呼

指对别人拜托的事不是真心去办，随便找个理由应付一下的意思。

如：老袁做装修，拜托老张找个最好的设计师，老张随便找了个人打了个洋判招呼。

159. 打哈哈

指打马虎眼的意思。

如：想请他出来吃饭，每次都是打哈哈应付我们，请不动。

160. 打流的

指社会上的混混。

如：这个人以前是个打流的，后来改邪归正，变得有出息了。

158～161
扫一扫，听听看

161. 打晃晃

1. 说话不算数；

如：说好了陪我逛商场的，现在又不去了，总是跟我打晃晃。

2. 到处转；

如：别人都在忙，你到处打晃晃，好不好意思啊？

3. 五个人打麻将，其中一人按规则轮换上场；

如：有没有时间啊，我们去打晃晃咧。

162. 打哏

162～166
扫一扫，听听看

1. 说话不连贯、不流畅；

如：今天发言好紧张，说话打哏。

2. 犹豫；

如：我刚才跟你说的那件事，你好像有点打哏，是不是不好搞啊。

3. 停止了；

如：这件事还冒开始做，他就在那里打了哏。

163. 打啪

指接吻并发出响声。

如：现在的年轻人真开放，在大街上打啪。

164. 打野

指走神，注意力不集中。

如：这伢上课总爱打野，所以学习跟不上，留级了。

165. 打惊张

指惊讶，虚张声势，与实际情况反差很大的意思。

如：上个星期就打惊张，说领导要来检查，结果到现在都还冒来。

166. 打珠子

指打弹珠。

如：小时候经常玩打珠子的游戏。

167. 打得罗

得罗：陀螺，儿童玩具。打得罗即打陀螺。

如：小时候最喜欢玩打得罗了。

168. 打街骂巷

指与邻里之间寻衅闹事。

如：这个泼妇为一点小事总爱打街骂巷，街坊们都蛮烦她。

167～171
扫一扫，听听看

169. 打跟头

指翻跟头，身体向后（前）翻转 360 度，然后恢复原状。

如：这个杂技表演以打跟头为主。

170. 打鼓泅

即狗刨式游泳，两手同时划水，两脚交替打水。

如：我刚学游泳时，只会打鼓泅，后来又学会了蛙泳、自由泳。

171. 打毽朵

指踢毽子。

如：小时候我们打毽朵会打蛮多花样，现在都忘记了。

172. 打碾[1]滚

172～175
扫一扫，听听看

1. 在地下或床上翻滚；

如："他在搞么事啊？"

"胃疼，在床上打碾滚。"

2. 耍赖，撒娇；

如：他在地下打碾滚，不想去上幼儿园。

3. 玩耍；

如：今天又到哪里去打了碾滚的啊，身上脏得黑（吓）死人的。

173. 打撇撇

童年的游戏。用纸折叠成三角形或其他形状，在地上扇动玩耍。

如：小时候没什么玩，只能用烟盒子叠成撇撇，打撇撇玩。

174. 打翻兜

指打翻了天的意思。

如：几个伢在屋里玩，冒得大人管，结果把屋里打翻了兜。

175. 打战

即发抖。

如：大冬天的，北风一吹，冻得人直打战。

---

[1] 碾，音链。

176. 扒渣滓

相关词语：扒渣子

1. 捡垃圾；

如：他爸爸是倒流（返城）的，原来在黄孝河一带扒渣滓卖钱过日子，真是蛮可怜的。

2. 吃残羹剩饭；

如：吃饭你来晚了，对不起，只能扒渣滓了。

176～181
扫一扫，听听看

177. 甘贵

指珍贵，稀有，很有价值。

如：20 世纪 60 年代能带上瑞士梅花牌的手表，那可是甘贵得很啊。

178. 古董玩器

本指古玩，引申同“杂八闹伙”，杂物。

如：这里堆的么古董玩器啊！

179. 古懂怪气

指阴阳怪气。

如：有话就当着面讲，莫在旁边古懂怪气的。

180. 左一手

打麻将术语，指吃一手没用的牌。

如：和牌不够番，需要左一手才行。

181. 左以

索性，干脆。

如：你去泡茶的吗？左以给我也带一杯来。

182. 平倒

指躺平，休息的意思。

如：这些时没事做，只有在屋里平倒。

183. 卡

用手掐。

如：你不要卡我的脸呀！

184. 卡人

指环境（人、物）拥挤。

如：这屋里卡满了人。

182～186
扫一扫，听听看

185. 卡斤卡两

指斤斤计较。

如：今天去买小龙虾，老板就是卡斤卡两的，多一个虾子都不愿给。

186. 卡过来

卡：跨越，卡过来就是跨过来。

如：前面有条沟啊，你卡过来！

187. 卡把长的伢秧子

卡把长：张开大拇指与食指之间的距离，伢秧子：小孩。

卡把长的伢秧子泛指未成年的小孩。

如：莫岔嘴，大人说话小伢听，卡把长的伢秧子懂么事咿。

188. 业

187～188
扫一扫，听听看

1. (嘴)一张一合；

如：鱼的嘴巴直业。

2. (肚皮)一起一伏；

如：肚子一业一业的。

3. 喘息；

如：年纪大了，上楼业气(呼吸困难)。

189. 叶子

指衣服。

如:我今天穿的叶子怎么样？漂亮吧！

190. 叫叶子

指手表。

如:你带的是上海牌的叫叶子,有派头！

189～195
扫一扫,听听看

191. 叫鸡公

比喻骄傲的人。也指喜欢大声喊叫的人。

如:一个笼里关不了两个叫鸡公。

192. 叫板

指挑战。

如:他吹牛,说敢跟刘国梁叫板打乒乓球比赛。

193. 叫具

指哨子。

如:今天要进行钓鱼比赛,请裁判把叫具带上。

194. 叫明打响

比喻公开地把事情说明白的意思。

如:这件事我们摆在桌面上,面对面叫明打响地讲,看到底是哪个不对。

195. 叫饶

指认输了。

如:我搞不赢你,我叫饶好不好!

196. 四海

指豪气,豁达。

如:他是一个蛮四海的人,不会计较一些鸡毛蒜皮的小事的。

197. 生麦子

相关词语:生脉子

麦子是指脸,相貌。生麦子指不熟悉的面孔,生人。

如:这几个朋友都是生麦子,能不能介绍一下啊!

198. 生残薄了

残薄:比喻事已至此,无可奈何的意思。生残薄了形容无法改变这种无可奈何的局面。

如:跟你做兄弟真是背时(不走运),吃力不讨好,冒得法,生残薄了。

199. 生怕

196～201
扫一扫,听听看

指担心。

如:他偷偷地溜了,生怕别人发现了。

200. 失错

指无心,不小心。

如:对不起,刚才失错把你的衣服弄脏了。

201. 仙健

指老年人身体健康。

如：您家 80 多岁了，精神还这么好，真仙健。

202. 白卡了

相关词语：白子拉卡

形容苍白，白得难看。

如：你的脸色白卡了，去看一下医生吧。

203. 白汪了

202～206
扫一扫，听听看

1. 白得发亮；

如：墙刷得白汪了。

2. 白得可爱；

如：她长得白汪了。

204. 白搞了的

指白忙的，做的无用功的意思。

如：这件事忙了半天，也冒忙出个么名堂出来，真是白搞了的。

205. 白撮子

相关词语：撮白的、撮白党、拆白的

指骗取财物的坏人。

如：这个白撮子到处害人。

206. 瓜了码子

相关词语：翘了辫子、蹬腿、去了回、过脚

比喻死了。

如：他的老头（父亲）昨天瓜了码子，你晓不晓得啊？

207. 用愈了

指时间用长了，都钝化了。

如：你把刀子去磨一下，都用愈了，一点都不快（锋利）的。

208. 甩饭

1. 只吃饭不干活的人；

如：一天到晚只晓得玩，只晓得甩饭。

2. 骂人的话：饭桶；

如：这简单的事也不会做呀，完全是个甩饭的。

209. 甩坨子

1. 将某些事情整体委托出去；

如：你把剩下的工程整理一下，找个队伍甩坨子承包出去。

207～211
扫一扫，听听看

2. 甩掉不想要的人或事，类似于甩包袱；

如：她不想做这件事了，想甩坨子给我做。

210. 甩牌子

指卖弄、炫耀自己的身份、财富、地位、权力、学问等。

如：你莫在我面前甩牌子。

211. 甩倒吃

指理直气壮地去吃。

如：我出了钱的，当然我可以甩倒吃，这有么念条（唠叨）

的咧！

212. 印色油

指印泥或印刷时需要上色的油泥；

如：盖手印要先按印色油。

213. 犯刁

相关词语：泛刁、歪刁

指用恶劣的手段或态度为难人，跟人作对。

如：你说要吃红烧肉，现在烧好了你不吃，又说要吃红烧鱼，是不是犯刁咧。

如：那个家伙是个泛刁的人，一点都不好打交道。

如：办个证跑了好多遍，差这差那，一下又不说清楚，是不是有点歪刁咧。

212～216
扫一扫，听听看

214. 犯嫌

指讨人嫌。

如：叫你看棋莫多嘴，你就是爱多嘴，真是犯嫌。

215. 外外

对外甥、外甥女的称呼。

如：明天去不了，我外外结婚，要去吃喜酒。

216. 外码

指外地人。

如：一看就是个外码，不认得路，在那里四处张望。

217. 包谷

相关词语:苞谷

指玉米。

如:我们楼下烧烤店里,烤的包谷蛮好吃。

218. 包菜头

一种男士发型,头发边缘向内卷。

如:今天吹了个包菜头,准备上台去发言。

219. 包圆

指全部承担,负责完成。

如:放心! 我包圆不误你的事。

217～220
扫一扫,听听看

220. 立墙

相关词语:立跟头

背对着墙,双手倒立,头朝下,双脚在空中贴着墙面。

如:我们小时候立墙比赛,看哪个立的时间长就赢了。

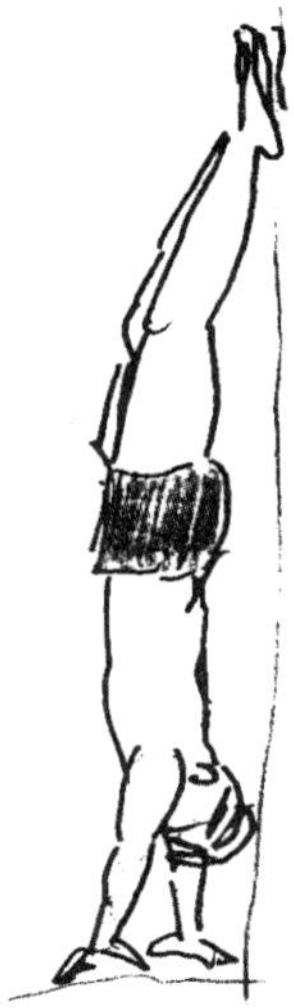

221. 闪了

1. 离开了。与车了、车舵意思相同；

如：每回吃饭，一到买单的时候他就闪了。

2. 扭了、扭伤；

如：昨天打球把腰闪了，今天起不来。

221～223
扫一扫，听听看

222. 闪杆

相关词语：闪杆子

指说话不算数，不负责，不兑现。

如：你这回要诚心请大家，再不能闪杆了。

223. 半子腰里

指半腰，中间，半截的意思。

如：话说到半子腰里又不说了，急死人的。

224. 半铫[1]子

相关词语：半吊子、半转、生[2]巴子、嘎巴子、嘎八子、坯子、夹生

指性格乖僻，不通情理，不好打商量的人。

如：他是个半铫子，办事莫找他。

如：跟你说了半天的好话，还是不同意，真是个生巴子！

225. 头间

224～228
扫一扫，听听看

指前面，位置靠前。

如：他在头间带队，我们跟着走。

226. 头泡脸肿

比喻眼睛、脸都有浮肿现象，形容人很疲惫或生病了的样子。

如：一些时冒看到你，怎么搞得头泡脸肿的，是不是病了？

227. 汉碟子

相关词语：汉腔

指武汉方言，武汉话，即武汉中心城区的方言。

如：她说话是纯正的汉碟子，真好听。

228. 写不现

指笔的墨水不足，笔迹不清晰或写不出来。

---

① 铫，音吊。

② 生，音嘎。

如:刚换的笔芯就写不现,这个产品质量有问题。

229. 出挺

出洋相,出丑,显尴尬。

如:今天冒带钱,你要我去买单,这不是让我出挺。

230. 出馊

指清除脏物。

如:办公室好长时间没做大扫除了,今天出个馊。

231. 皮绊

相关词语:皮判、情况、小三

1. 指第三者;

如:找皮绊的行为会影响家庭正常生活,并违反我国社会公德,应坚决反对。

2. 麻烦;

如:惹出皮绊来了。

229～233
扫一扫,听听看

232. 发拖

相关词语:把点

指暗示,提示。

如:他昨天说话在发拖,你听出来冒。

233. 发泡

指轻浮,洋洋得意,自以为是。

如:他发泡说打麻将是常胜将军,结果今天跟我们打就输了。

234. 发咋

指虚张声势，咋咋呼呼，莫名其妙地指责的意思。

如：你不问青红皂白就跑到我这里发咋，说我的不是，还讲不讲道理啊。

235. 发齁

234～238
扫一扫，听听看

1. 呼吸困难，呼吸道疾病；

如：这孩子有点发齁，赶紧去看医生。

2. 比喻过度；

如：这汤太甜了，甜得发齁。

3. 比喻非常想得到某种需求的急迫状态；

如：就你那个能耐还想发财，你发齁吧。

236. 发恼

发恼就是生气了。

如：开玩笑发个么恼咧。

237. 对手搏皮

形容两人之间对打，类似决斗。

如：有板眼（有能耐）你们两个人对手搏皮，不要别个帮忙。

238. 对麦子

相关词语：对脉子

意思是查看人的相貌。

如：你去对个麦子，看是不是那个人。

239～243
扫一扫，听听看

239. 对剁

指平分。

如：这块排骨不错，我们对剁，一人一半。

如：祖上留下这套房子的拆迁费，该我兄弟两个对剁。

240. 对挖

1. 两个人负责包干某项工作；

如：今天值班我们两人对挖，你负责白天，我负责晚上。

2. 两个人对决；

如：我们来玩关通（两人打扑克）对挖，输了的去做饭。

241. 纠筋

指不讲道理，胡搅蛮缠。

如：明明是你不对，你还要纠筋，纠得人脑壳都是疼的。

242. 扛肩

指肩膀耸着。

如：小刘走路是扛肩，给人的感觉蛮凶狠。

243. 扣

指聪明，懂事，听话的意思。

如：这伢真扣，大人在谈事，他在旁边拼积木，自己玩自己的。

244. 老几

用于指人，带轻蔑意，意为人微言轻。

如：你算老几啊？敢在众人面前夸海口。

244～249
扫一扫，听听看

245. 老头

相关词语：老特

称呼父亲。

如：我老头已去世多年，但他老人家的教诲一直铭记在我心里。

246. 老丢皮

相关词语：老椰皮

指老男人。

如：武汉的老丢皮，现在是越老越有魅力。

247. 老杆

指中年男人。

如：几个老杆斗地主，玩得不好就毛（烦）了。

248. 老亲爷

指岳父。

如：老亲爷已经不在了，想陪他聊聊都没有机会了。

249. 老亲娘

指岳母。

如：都说老亲娘疼女婿，不知大家有没有这个体会。

250. 老娘

称呼母亲。

如：我老娘今年九十多岁，身体已大不如前，走路都要人扶着。

251. 老菜苔

指年纪偏大的女人。

如：你莫小看老菜苔，跳起广场舞来，还是一道亮丽的风景线呢。

252. 地头

250～254
扫一扫，听听看

1. 目的地；

如：货到地头死。

2. 本地；

如：这是真正的地头货。

3. 顶点、极点；

如：我的话已经说到了地头，你自己考虑怎么办。

253. 过门

1. 女孩子出嫁到婆家；

如：那是他没有过门的媳妇，长得很漂亮的。

2. 传授秘诀；

如：这件事该怎么做，你跟他过点门。

254. 过中

过中这个词现在用得很少了。指午餐和晚餐之间吃一顿茶点，相当于现在的下午茶。

如：午饭没吃饱，等一下过中补上。

255. 过心

指透，达到充分的程度。

如：这肉蒸过心了。

256. 过早

指吃早餐，吃早点。

如：“您家过了早冒？”

“过了过了。”

255～259
扫一扫，听听看

257. 过细

1. 认真、仔细；

如：这个会展交到小明去策划，他办事蛮过细的。

2. 小心、当心、留神；

如：年纪大了，下楼过细点。

3. 讲客气；

如：您家来了还买这多水果，几过细勒。

258. 过窍

指开窍，灵活（常用于否定）。

如：这个人真有些不过窍。

259. 过黑伙

指碰运气，瞎猫子碰死老鼠。

如:这件事情完全是过黑伙,不晓得搞不搞得成。

260. 过瘾

指满足特别深的嗜好。

如:会议中途休息,出去抽根烟,过下瘾。

261. 再熓[①]哈子

熓:(让)蒸汽的热力接触到物体。再熓哈子是指继续蒸一下。

如:粉蒸肉还冒熟,再熓哈子。

262. 百么事

指无论什么(东西)。

如:他出门一看,百么事都冒得。

如:这个计划书他看了的,百么事都晓得了。

260~264
扫一扫,听听看

263. 压饿气

指先吃一点食物,缓解饥饿感。

如:饭还冒熟,大家先吃点饼干压饿气,饭熟了我再叫大家吃饭。

264. 有回数

指次数不多,不常有。

如:他求人是有回数的。

---

① 熓,音区。

265. 有档

指有地位,有面子。

如:你每天上下班都是车子接送,还是蛮有档的咧。

266. 有偏

客套话,表示先用或已用过茶饭了。

如:"您家吃了冒?"

"吃了。"

"那有偏啦。"

265～270
扫一扫,听听看

267. 灰面

指面粉。

如:用灰面擀面吃。

268. 灰流的

指有很多灰尘。

如:你扫的个么地呀,还是灰流的,冒扫干净。

269. 死儿地

指拼命地。

如:今天去卡拉 OK,他像个歌霸,一个人在那里死儿地唱。

270. 死过性了

指死透了。

如:这人死过性了,救不活了。

271. 死添

指不停地煽风点火,拱火浇油。

如:他们已经吵得不可开交了,你还在旁边死添,真是看热闹的不嫌事大。

272. 夹生苕

271～274
扫一扫,听听看

指又傻又犟的人。

如:他是个夹生苕,把他冒得整。

273. 夹脚

1.(鞋)挤脚;

如:这双鞋子穿倒蛮夹脚。

2.很为难;

如:婆媳关系不和,儿子在中间很夹脚。

274. 夹磨人

1.磨炼;

如:这个人一看就是受过夹磨的人,举止表现得很成熟、稳重。

2.训斥、责备;

如:你什么都好,就是爱夹磨人。

275. 夹糖饼子

用糖做馅的饼子。形容夹在中间，受到两边强者的挤压，很难受的意思。

如：他们两人闹矛盾，我在当中吃夹糖饼子，难啊！

276. 划头

指打手势定输赢，类似于石头、剪刀、布。

如：我们划头，看哪个赢。

275～276
扫一扫，听听看

277. 划起来

1. 原来，发现真实情况；

如：张师傅嘴巴蛮刁，总是想吃那些有味、价格不菲的食物，划起来家境是很优越的。

2. 算起来，看起来；

如：二十年前花 40 万买了一套 110 平方米的房子，划起来每平方米 3640 元。

278. 光烫

277～280
扫一扫，听听看

1. 平整光滑；

如：五星级酒店大厅的地下磨得很光烫。

2. 整洁；

如：他蛮注意形象，衣服总是搞得光烫的。

3. 周到、不疏忽；

如：你这件事做得蛮光烫，别个都蛮佩服你的办事能力。

4. 光荣、光彩；

如：哪个不想搞得光烫些！

279. 团坨

相关词语：团头、粑粑捏团圆

指圆满，完成，凑齐的意思。

如：这几天忙死了，终于把这件事搞团坨，可以交差了。

280. 同屋连房

指一间大房里面隔了许多小房，类似四合院。

如：过去那种同屋连房的老房子几乎都看不到了，都改造成现在的商品房了。

281. 吊八寸

指裤脚在踝关节上，现称八分裤。

如：以前穿吊八寸的裤子蛮丑，现在穿八分裤是时髦。

282. 吊倒

比喻有意拖延，使事情进展缓慢甚至停滞但又不说放弃。

如：你们谈朋友不能老是这样吊倒，把两个人都耽误了。

283. 吊浆

指糯米浆。

如：记得小时候，每到农历正月十五，我们家里都要磨点吊浆搓汤圆。

281～284
扫一扫，听听看

284. 吃么伙

形容跟着一起占便宜。

如：老大今天有好事，我们一起去吃么伙。

285. 吃不赢了

285～290
扫一扫，听听看

指没有时间，来不及吃了。

如：马上要登机了，过早吃不赢了。

286. 吃丧了

形容吃腻了。

如：每天吃红烧肉，硬把个人吃丧了。

287. 吃点亏、在一堆

指大家在一起吃了亏，相互不要计较。

如：都是兄弟伙的，吃点亏、在一堆，有事好商量。

288. 吃闷亏

指受到了损害无法说出来或说不清楚。

如：你这个人太老实了，总是吃闷亏。

289. 吃弹子

相关词语：扎棒棒

指吃亏，上当，中圈套的意思。

如：跟他打了几年的交道，总是不停地吃弹子，交了乖（学着变聪明了）。

290. 吃嘎嘎

指吃肥肉。

如：这伢就喜欢吃嘎嘎，长得胖嘟了。

291. 吃熏鱼面

比喻受到批评，训斥，熏谐音训。

如：工作没做好，被领导叫去吃了一顿熏鱼面。

292. 肉蒙到饭里吃

1. 浪费了好东西；

如：你这个破房子搞个么精装修，简直是把肉蒙到饭里面吃了。

2. 不显摆、低调；

如：莫看老区平时骑的电动车，他家里却放着几辆豪车，别人是肉蒙到饭里面吃，不让你晓得。

293. 凼子

291～294
扫一扫，听听看

相关词语：凼洼、填凼子、荡子

1. 坑、洼地；

如：这路中间有个凼子，小心别掉下去了。

2. 亏空、陷阱、圈套；

如：他亏了这么多钱，想要我们来填凼子。

294. 当数

1. 当事；

如：你说了，那我们就把它当数。

2. 当人；

如：人微言轻，把他不当数。

295. 丢讥

295～299
扫一扫，听听看

相关词语：丢机、掉底子、赊人

比喻丢人，丢脸，丢丑。

如：他光做些丢讥的事。

296. 丢局子

相关词语：丢橘子、局子话、橘子话、黑话

指说行话，说黑话。

如：你说话不要总是丢局子，我们听不懂。

297. 丢圈子

1. 逛街，散步；

如：这对老夫妻蛮亲热，经常到公园去丢圈子。

2. 绕弯子；

如：有话直说，别丢圈子。

298. 丢媚眼

指眉目传情。

如：刚才那个女伢在跟你丢媚眼，是不是喜欢上你了？

299. 丢跤

指摔跤。

如：不服周，我们出去丢一跤，三打两胜。

300. 竹瞎子的

相关词语：竹挖壳的

含有亲昵意的咒骂语，常见于家庭内长辈对晚辈教训，且女性常用，现几近绝迹。

如：你这个竹瞎子的又跑哪里去了的，玩得黑汗水流。

301. 伏汁酒

指米酒。

如：蛮多武汉人过早喜欢喝伏汁酒冲蛋。

302. 伙结

300～302
扫一扫，听听看

1. 帮手、助手；

如：这是我请来帮忙的伙结。

2. 伙伴、兄弟；

如：伙结！哥兄老弟的，你还跟我讲客气。

3. 指对陌生人的一种统称。

如：对不起，让一下，伙结！

303. 伢

相关词语：小伢、秧子伢、男伢、女伢、儿子伢、姑娘伢、杆子伢、枪子伢、学生伢、糙子伢

伢

1. 小孩；

如：这伢聪明，逗人喜欢。

2. 子女；

如：您家有几个伢啊？

小伢、伢秧子

指小孩子、幼儿。

如：现在的小伢真聪明。

男伢、儿子伢、杆子伢

指男孩子。

如：这男伢几岁了？

女伢、姑娘伢、枪子伢

指女孩子。

如：这个姑娘伢长得水灵灵的。

学生伢

泛指正在读书上学的孩子们。

如：这些学生伢充满了朝气。

糙子伢

泛指少年，比小伢略大一点。

303
扫一扫，听听看

如:14 岁的糙子伢足球踢得蛮好咧。

304. 仰势

指马上,很快的意思。

如:头疼得要命,吃了一颗药,仰势就好了。

305. 自家

相关词语:自嘎

指自己、本人。

如:自家冇把话讲清楚,还怪别人说不明白。

304～309
扫一扫,听听看

306. 血糊淌流

形容血淋淋,血流得到处都是的。

如:这个人被车子撞了,躺在地上血糊淌流的。

307. 行头

指服装。

如:老马今天穿得蛮时尚咧,一身行头都是奢侈品。

308. 行时

相关词语:闲时、强时、走火、火来了、走运

指运气好,走运。

如:今天真是行时,买彩票中了奖。

309. 杀无肉剐无皮

指没有什么价值。

如:这件事情你不要跟他扯了,他是个混混,杀无肉剐无

皮的，浪费时间。

310. 杀皮子

指偷钱包的行为。

如：他在公共汽车上杀皮子，被警察抓了。

311. 杀鸡子

形容二胡（泛指弦乐）拉得很难听。

如：喂！你再莫拉了，每天杀鸡子吵死人的，一点进步都冒得。

312. 杀家麻雀

指家里人在一起打牌。

如：逢年过节，我们经常杀家麻雀。

310～313
扫一扫，听听看

313. 杀签子

相关词语：嗟签子

指背后说人坏话，进谗言。

如：原来我们是蛮梗（非常好）的朋友，但是他总在杀我的签子,结果现在我们不来往了。

314. 朵子

指计划经济时代的粮票、油票等。

如:我这是全国粮票,叫飞朵子,到处都可以用。

315. 杂八什

指不相干的东西。

如:这箱子里面装的么杂八什啊,冒得用的东西就莫放里面。

314～318
扫一扫,听听看

316. 杂八闹伙

相关词语:杂七杂八

指东西多,非常零乱,乱七八糟的。

如:这里堆的些么东西啊,杂八闹伙的,能不能清(整理)一下。

317. 负急

指被逼迫得着急超过了通常的程度,实在忍不住了。

如:饿负急了,随吃么事都是香的。

318. 冲

相关词语:冒冲

1. 向上蹿、往上纵;

如:你往上一冲,就可以拿到了。

2. 冒失、鲁莽;

如：他说话蛮冲，您别见怪。

319～322
扫一扫，听听看

319. 冲人

刺鼻难闻。

如：这气味蛮冲人。

320. 次花子

指没引子的鞭炮，从当中折断，点燃喷出的火花。

如：小明，你看这根鞭的引子冒得了，我们可以来玩次花子。

321. 衣服穿得蛮旷

指衣服太大了，穿在身上显得很空旷。

如：这工作服好大啊，穿起来显得蛮旷，都把我笼进去了。

322. 充人

相关词语：充能、充傲、充人尖子、充六个指甲

指逞能，显示自己很有能力。

如：我屋里纠辫子（内弟）最爱充人，不管在么场合都是他包了场。

323. 闯到鬼

1. 指时运背、倒霉；

如：今天真是闯到鬼了，出门就跶(摔)倒了。

2. 奇怪；

如：他今天怎么也在这里！真是闯到鬼了。

324. 关风

形容紧密，严密。

如：这事最好不要跟他商量，他说话不关风。

325. 江猪子

指江豚。

如：长江、汉江禁渔两年后，河边又可以看到江猪子了。

326. 兴

1. 时兴、流行；

如：现在好像不兴戴草帽了。

2. 准、允许；

如：男孩子，不兴好哭啊！

3. 培养；种植

如：这块地可以兴点花、兴点菜。

323～327
扫一扫，听听看

327. 守倒说

指反复说，不停地说。

如：我守倒说今天会下雨要带伞，你就是不听，结果身上淋湿了吧。

328. 安子来神了

指快了，差不多了。

如："你有点咳嗽，是不是感冒了，"

"嗯，昨天受了凉，安子来神了。"

如：华华玩了一天，累了，眼睛睁不开了，瞌睡安子来神了。

329. 讲礼性

指讲礼节，讲客气。

如：您家几讲礼性勒，来了还买这么多东西。

328～332
扫一扫，听听看

330. 讲蛐蛐话

1.（附耳）小声说的话；

如：人老了耳朵有点聋，外孙讲蛐蛐话我听不清楚。

2. 讲悄悄话、私房话；

如：你们两个人在说么事蛐蛐话啦。

331. 许倒

指事前就答应对方的条件，好处，承诺。

如：别人送老郭一盒好茶，他许倒转送给我的，我们今天去喝它。

332. 那谈鬼

感叹词：形容那还用说什么，好得不得了。

如："买了2元的彩票，中了500元的奖，你觉得我的运气怎么样啊？"

"那谈鬼！每天去买都可以。"

333. 尽是板眼

相关词语：光板眼、巧板眼、尖板眼、洋板眼、鬼板眼、歪板眼、新板眼

333～334
扫一扫，听听看

板眼：指办法、理由、主意、花样、本事、能力等。

1. 尽是板眼、光板眼就是尽找理由的意思；

如：叫你陪我逛商场，你尽是板眼，就是不想去。

2. 巧板眼表达的是奇怪的感觉；

如：昨天谈好的事今天就变卦了，真是巧板眼。

3. 尖板眼是指稀有、独特的事物或技能；

如：湖北省博物馆展出的编钟，那可是尖板眼的东西。

4. 洋板眼是指外国的东西；

如：你在那里捣鼓了半天，买的么洋板眼啊！

5. 鬼板眼、歪板眼就是出花招、坏点子的意思；

如：这个产品价格这高，不晓得里面有么鬼板眼。

6. 新板眼的意思是新事物、新方法、新技艺等；

如：你表演的就那几招，能不能搞点新板眼让我们开开眼界。

334. 异古巧样

相关词语：花古巧样

比喻稀奇古怪。

如:他总是能搞些异古巧样的东西,给我们一些意外的惊喜。

335. 阵咱

335～339
扫一扫,听听看

相关词语:正咱、这咱、正们咱

指现在的意思。

如:等一下再吃饭吧,我阵咱不想吃。

336. 收潮

指空气干燥,湿衣物等的水分容易挥发。

如:这天气蛮收潮,早上洗的衣服,下午就干了。

337. 收缰

1. 停止;

如:玩了一个假期,马上开学了,看你难得收缰的。

2. 制止、收拾;

如:作业没做完就去玩,等你爸爸回来收你的缰。

338. 阴倒

1. 暗地里;

如:他阴倒跟我作对。

2. 藏起来;

如:你把茶叶阴倒哪里去了,害我到处找。

339. 阴倒拐

相关词语:阴坏

指暗地里使坏。

如:他看到像是个老实人,其实总是背后害人,阴倒拐。

340. 妈呼相

形容差强人意,勉强过得去的意思。

如:“你们的生活过得么样啊?”

“妈呼相。”

341. 好吃佬

340~345
扫一扫,听听看

指嘴馋的人。

如:他是个好吃佬。

342. 好哭佬

指爱哭的人。

如:这个伢一碰就哭,真是个好哭佬。

343. 好齁得

指很贪心。

如:随么事都往屋里拿,好齁得啊。

344. 戏媒子

指戏迷。

如:老谭从戏媒子变成了票友,升了一级。

345. 观场

指观察场合、情景,审时度势。

如:你又不观场,今天开会怎么能瞎开玩笑咧。

346. 欢喜坨

1. 一种早餐食物，又称麻元；

如：等一下你过早(吃早餐)帮我带两个欢喜坨啊，我还冒过早。

2. 比喻开朗、幽默的人，给别人带来快乐的人；

如：你总是笑呵呵的，真是我们的欢喜坨。

347. 红苕

指红薯。

如：冬天了，我蛮喜欢吃路边的烤红苕，真香。

348. 红炮台

指冤大头。

如：他总喜欢伸着脑袋接石头，当红炮台。

346～350
扫一扫，听听看

349. 约到屋(角落)里

约到：待着；蜷缩。约到屋里就是待在家里的意思。

如：你叫不动的，他就喜欢每天约到屋里。

如：大家都在玩游戏，只有他一个人约到角落里，不合群。

350. 弄

弄就是做的意思。

如：我弄饭去。

351. 弄泥巴

指稀泥巴。

如：下雨天到农村去，结果车轮陷到弄泥巴里出不来了。

352. 抠条

指抽烟只顾自己抽，不给任何人。

如：这个人长期吃抠条，小气得很。

351～354
扫一扫，听听看

353. 抠错了胯子

胯子：腿，大腿叫大胯子，小腿叫小胯子。

抠错了胯子是指搞错了行为或动作的对象。

如：你应该去感谢小张，不是小刘，莫抠错了胯子。

354. 抠痒

指用手挠痒处。

如：浑身到处痒，抠痒把皮肤都抠烂了。

355. 找下家

1. 找出路；

如：他辞职前都找好了下家。

2. 找继承者；

如：这个门面我不想做了，找个下家来接手。

356. 找歪

相关词语：找岔子

指找茬，故意找毛病。

如：就是冒跟你买衣服吵，现在你找歪，事情也不做了。

357. 扯劝

相关词语：带和、转弯

指劝人停止争吵或打架。

如：他们吵起来了，你去扯个劝。

355～360
扫一扫，听听看

358. 扯左劝

扯左劝是指劝人停止争吵或打架时偏袒某一方。

如：他在扯左劝，帮倒打别人，要不得。

359. 扯皮闹绊

相关词语：扯皮闹怨

指故意寻衅闹事。

如：两口子结婚上十年了，还经常扯皮闹绊，不和谐。

360. 扯皮拉筋

指纠缠不清，争执不休。

如：这个人缺乏教养，为一点小事总爱与别人扯皮拉筋。

361. 扯耶实

相关词语：扯由头

指找借口，扯理由。

如：每回叫你帮忙，你总是扯耶实不想做，算是白交你这个朋友了。

361～364
扫一扫，听听看

362. 扯起胯子跑

指撒开腿，拼命地跑的意思。

如：小明以为是失火了，扯起胯子就跑，其实是消防队在演习，他误会了。

363. 扯倒

指拉着的意思。

如：我不把他扯倒，他就冲出去了。

364. 扯脸

指用两根线捻转拔脸上的汗毛。

如：旧时没有什么护肤品，女人为了脸上皮肤光滑，常用扯脸的方法达到美容的目的。

365. 扯野棉花

指闲扯，闲话，不说正题。

如：这个老师上课总喜欢扯野棉花。

366. 扯谎廖白

指专说谎话。

如：这个伢冒教好，总是扯谎廖白，长大了么办啊。

367. 走人家

指到亲友处走动，串门。

如：他昨天走人家去了。

365～369
扫一扫，听听看

368. 走得飞

相关词语：走得欢

指商品销售卖得好、卖得快。

如：这个品牌的鞋子走得飞、走得欢，两个小时就卖完了。

369. 走着

相关词语：走场

指失误，出洋相。

如：大师傅今天弄饭走了着，把鱼炸糊了。

370. 折蠓

指蝗虫类的昆虫。

如：吃了晚饭我们一起去捉折蠓啊，等下我叫你。

371. 投人

指告诉，投诉，告状的意思。

如：他到处投人，说我不好，搞得我在外头蛮难做人。

372. 抖狠

370～373
扫一扫，听听看

相关词语：赌狠

指耍横，言行蛮横无理的行为。

如：年纪大了，再莫谈抖狠的事啊！

373. 抖雄

1. 人前风光、风采；

如：迎亲的车队清一色的大奔，好抖雄啊

2. 耍威风；

如：做人低调一点，抖个么雄吵。

374. 把她冰倒

指暂时把她哄倒，安慰好。

如：你呀！想点办法，先把她冰倒，莫要在这节骨眼上跟你闹了。

375. 把衣服搭高头

搭：放在、盖在。高头：上面。

如：你睡午觉的时候把衣服搭到肚子高头，莫凉了。

如：你把衣服洗了，搭到外头绳子高头晒倒。

376. 把把

指器具上便于手拿的部分。

如：抽屉的把把掉了，等下你去把它修好。

374～379
扫一扫，听听看

377. 把味拽倒

指摆谱。

如：我们几次请他出来吃饭，他就是把味拽倒不搭理，我们面子小了，请不动啊。

378. 把点

指交底。

如：我该怎么跟她谈，你先把个点给我。

379. 把梁子叫开

梁子：积怨；叫开：讲出来。把梁子叫开就是把积怨讲出来。

如：今天我们把梁子叫开，该么样就么样。

380. 把病过得我了

380～382
扫一扫，听听看

指把病传染给我了。

如：你感冒了离我远一点，莫把病过得我了。

381. 把得我

（请你）递（送）给我。

如：你把扳手把得我，我要把螺丝紧一下。

382. 把碗掇[1]倒

相关词语：把碗端倒、把碗端好

掇：用双手平举着拿。把碗掇倒就是指吃饭时要把碗端好，端起来的意思。

如：吃饭的时候要把碗掇倒，莫挖倒（低着）脑壳，像狗添盘子样的。

① 掇，音夺。

383. 把鞋子顿到床底下

顿到：放下、搁下。把鞋子顿到床底下就是表示把鞋子放到床下面。

如：等一下你睡觉的时候，把鞋子顿到床底下啊。

384. 报水荒

报水荒本意是谎报（水灾）灾情，目的是多骗取救灾款物。现引申为虚报信息，把没有的事，说成有的。

如：今年是盈利的，有人说可能会亏损，完全是报水荒。

385. 却薄

1. 下流、卑鄙龌龊；

如：这个人做事蛮却薄。

2. 用尖酸刻薄的话讥笑人；

如：他说话总是却薄人。

383～387
扫一扫，听听看

386. 扨[1]一下

扨：推，摇。

指来回摇晃。

如：你把他扨一下，开会睡得打鼾，影响不太好。

387. 花浪子

指比较花心，用情不专的人。

如：他长得蛮帅，但是个花浪子，总是欺骗别人的感情。

---

① 扨，音耸。

388. 苍了

相关词语：昌了 。

指夷平（坟地）。

如：他家里祖坟被苍了，得到这一消息后，老王生气得要去打人。

389. 劳慰

388～393
扫一扫，听听看

相关词语：劳为、难为

指有劳，谢谢的意思。

如：这件事得亏你帮忙搞好了，劳慰您家了。

390. 克马

指青蛙。

如：回想小时候晚上出去抓克马、捉鳝鱼，还是蛮好玩的。

391. 克马灵

相关词语：克马林、克马连

指蝌蚪。

如：小时候市场上有克马灵卖，买回家养着玩，现在看不到了。

392. 克膝头

指膝盖。

如：克膝头被撞了，不能走路。

393. 杠子队

指爱抬杠的人。

如：这个人在一起聊天就喜欢抬杠，简直就是杠子队的。

394. 杠倒搞

394～397
扫一扫，听听看

1. 毫无顾忌地随性做；

如：这个事情简单，我杠倒把它搞定。

2. 强势、强行地做；

如：他仗着领导撑腰，做事喜欢杠倒搞，这样迟早会出事的。

3. 对着干；

如：如果真的监管得力，整治有方，哪个敢杠倒搞啊！

395. 杠筛了

1. 不平凡、不一般；

如：今天钓鱼比赛他得了第一名，杠筛了的。

2. 衣着时髦；

如：他今天像去参加婚礼一样，搞得杠筛了的。

396. 杈棍

指晾晒衣物的一种“Y”形工具。

如：外面那个晾衣杆太高了，我够不着，谢谢把你家的杈棍给我用一下。

397. 求机

比喻用无本或很小的成本去谋取利益的意思。

如：他做生意，没有本钱，老想求机。

398. 求蟮

指蚯蚓。

如:我们钓鱼一般都是用红求蟮,有时也用灰面(面粉)。

399. 豆芽菜还要屎浇

398～403
扫一扫,听听看

意思为浪费资源,没有必要。

如:这简单的事还反反复复地强调,简直是豆芽菜还要屎浇吗?

400. 两不找

指两清了,互不相欠。

如:这次出去玩,我们各自都花了一部分钱,我回来一算账两不找。

401. 两头失踏

失踏:落空。两头失踏比喻两边都落空了,也比喻什么都没有得到。

如:想做老好人,两边不得罪,结果两头失踏了。

402. 否了

指(把)秘密泄露了。

如:我们昨天谈的事,今天有人晓得了,肯定有人否了。

403. 来哉

指来往、打交道。

如:他跟初中的同学基本上不来哉了。

404. 来黄子

相关词语：黄子、黄子大爹

1. 黄子：谎话，来黄子就是说谎话；

如：莫跟我来黄子，伙计，你骗不倒我的。

2. 黄子：胆量、勇气；

如：莫看他小，黄子才大，到哪里都不惶台（不怯场）。

3. 黄子大爹：指喜欢撒谎的人。

如：他是黄子大爹，莫信他说的话。

405. 来菜

指赚钱多，赚钱容易。

如：这次赶集蛮来菜，随么事都卖得出去，老王赚了不少钱。

406. 时哈

1. 一会儿这样、一会儿那样；

如：她时哈答应他的求婚，时哈又要分手。

2. 不断地、反反复复；

如：她身上痒，时哈要我抠，手都抠酸了。

407. 男将

1. 男性；

如：出力气是男将们干的活。

2. 丈夫；

如：她男将出差了，不在家。

404～407
扫一扫，听听看

408. 听了头

1.(打)麻将听胡了;

如:我这手牌已经听了头,你们莫放冲啊。

2.很好、最好的;

如:他的专业能力很强,在我们公司干真是听了头。

409. 吹灯

1.熄灯。过去用煤油作燃料的照明工具,需要吹灭;

如:睡觉了,把灯吹了。

2.打眼睛;

如:拳击选手总是把双手护住脑袋两边,其中之一就是防对方吹灯。

410. 吼

指叫价。

如:交易会上,一个破手镯吼了50万,结果冒得人要。

411. 条

指香烟。

如:你中奖了,赶紧要条(发烟),我们同喜啊!

412. 条子

指身材。

如:她天天锻炼,所以条子好。

408~413
扫一扫,听听看

413. 钉

相关词语:钉人、钉他两哈

1. 投、扔、掷；

如：(拿石头)钉到人么样办咧？

2. 打；

如：莫要像个混混，开口就要钉人。

414～416
扫一扫，听听看

414. 告花子

相关词语：叫花子

指乞丐。

如：穿得破衣烂衫的，像个告花子。

415. 告板

指偷钱包的坏人。

如：他是个告板，前天他在公交车高头(上面)杀皮子(偷钱包)被公安人员抓了。

416. 乱雾

指不讲道理，乱来。

如：做事情要讲规矩，莫扯乱雾。

417. 乱鋬

胡搅蛮缠；

如：你这个人真是有点乱鋬，明明是你错了，你还怪别人。

418. 伸手不拈香

指什么事情都不做。

如：他在家里伸手不拈香，完全靠老婆做。

417～422
扫一扫，听听看

419. 作古当经

相关词语：作古正经

指一本正经的，正式的。

如：我跟你说这些，不是开玩笑啊，我是作古当经的。

420. 作苦人

指挖苦，讽刺，贬低别人。

如：老王的特点就是爱作苦人，所以单位里冒得（没有）几个人喜欢他。

421. 你嚇我

相关词语：嚇我、你吓我、你黑我

指你吓唬我。表达惊奇，不满，不以为然等情感意义。

如：你嚇我，怎么把家里搞得这么乱！

422. 妥手

1. 放弃；

如：这件事我妥手不管了，你们去管吧！

2.结束；

如:这个工作终于完成了,我们可以妥手了。

423. 岔

相关词语:岔巴子、岔嘴、岔路

1.岔巴子:爱管闲事或分外的事的人；

如:不是你的事你也要去管,像个岔巴子。

2.岔嘴:喜欢到处说话搭腔；

如:你不懂还老喜欢乱说,莫岔嘴。

3.岔路:到处转悠；

如:你刚才又岔路到哪里去了?

424. 岔的

形容没有限制的意思。

如:今天吃饭你们想点么菜是岔的。

423～426
扫一扫,听听看

425. 角[1]拉

相关词语:角里角拉、角落、角里角落

指旮旯。

如:你把茶叶放到哪个角拉里去了?找了半天都找不到。

426. 冻得直筛

指冷得发抖。

如:虽然是春暖花开的季节,但是倒春寒还是会把人冻得

---

① 角,音郭。

直筛。

427. 言三语四

指说长道短。

如:他这件事已经做得很好了,你为什么还要言三语四地呢?

428. 应点

1. 回响、反应;

如:我在好友微信上发消息,没有一个应点的。

2. 符合、贴近;

如:你昨天说的事,今天就应了点。

3. 灵验;

如:你这么虔诚许愿,一定会应点的。

427～430
扫一扫,听听看

429. 冷火秋烟

指冷冷清清,没有人气。

如:我楼下有个火锅店,刚开业时红火得很,哪晓得不到半年就冷火秋烟了。

430. 间[①]房子

间:指隔开。

如:这个房子太大了,要把当中间一下。

① 间,音干。

431. 闷头梨子

相关词语：闷头鸡子

比喻不爱说话，不吭声的人。

如：小张就是个闷头梨子，和他交流有点困难。

432. 闷斯怀里

指闷声不响，不声张。

如：准备叫小刘一起去黄山旅游，结果他闷斯怀里一个人到九寨沟去了。

433. 闷得很

指很内向，不爱说话。

如：他这个人闷得很，你不晓得他在想么事。

431～436
扫一扫，听听看

434. 闷倒搞

指不声不响地做。

如：这件事莫告诉别人，自己闷倒搞算了。

435. 灶马子

1. 蟑螂；

如：灶马子在厨房里到处爬，看到蛮恶心。

2. 厨师；

如：今天有客人来，我要亲自下厨，当一天的灶马子。

436. 汪

相关词语：汪人、汪倒

1. 耀眼；

如：今天太阳好大啊，有点汪人。

2. 渴望；

如：你莫汪倒去打球，现在要做作业。

437. 灿毒

指无情无义。

如：老曹这个人做事蛮灿毒，没人想跟他打交道。

438. 灿粉

已调好味道的粉状食品。

如：炸酥饺要沾灿粉吃，不然味道就差点。

439. 沃坏了

沃：闷在里面发热、发烧。

如：刚割的谷碰到下雨天，都沃坏了。

437～442
扫一扫，听听看

440. 怄人

指令人生气。

如：跟你们在一起，又出钱又出力还讨不倒好，怄死人的。

441. 穷录了

指极其贫穷。

如：这些人穷录了，做梦都想发财。

442. 穷骨头发烧

指骂怕热、衣服穿得单薄的人。

如：他穷骨头发烧，冬天穿这么少。

443. 穷嚼

指没有意义的聊天、辩论、唠叨。

如：他被领导批评了，回到家里喝了一点酒，从晚上穷嚼到天亮。

444. 灾麦子

443～447
扫一扫，听听看

相关词语：灾像、栽麦子、栽像、斋麦子

指无用之人，运气不好的人。

如：一看他就是个灾麦子，一点阳气都冒得。

445. 诈倒裹

相关词语：诈倒搞

1. 指不懂而虚张声势地装懂；

如：他根本就不是学医的，偏要诈倒裹跟别个看病，结果耽误了别人的病情，害死人的。

2. 冒充身份、模糊界限；

如：他诈倒裹说是我的朋友。

446. 灵光

指聪明，灵活。

如：你是我徒弟当中最灵光的一个，希望你能早日出师。

447. 灵醒

1. 漂亮；

如:她长得好灵醒啊。

2. 整洁;

如:小张是个蛮讲究的人,平时总是搞得蛮灵醒。

448. 尿[①]灯

(你)是个什么东西? 鄙视对方的意思。

如:你以为你说的话是圣旨,像个尿灯,我就是不买你的账。

449. 尿[①]像

指长相不好看。

如:莫黑(吓)我,就你这个尿像,还想进娱乐圈去发展,没门!

448～450
扫一扫,听听看

450. 屁

相关词语:尖、蛮屁、蛮尖、屁记、屁得打滑、屁得冒油

1. 小气、吝啬;

如:他是个又屁又尖(吝啬之极)的人。

2. 小、少;

如:屁大点地方却挤满了人。

3. 不存在的事物;

如:你问他,他懂个屁!

---

① 尿,音近似于读虽。

451. 屁里屁气

1. 吝啬；

如：给灾区捐钱，大家都捐了蛮多，他屁里屁气只捐了几个铯皮（零钱）。

2. 很难看；

如：他喜欢打扮又不懂行，结果打扮得屁里屁气的。

452. 屁股不正怪围桶歪

指自己没做好找客观理由。

如：考驾照考砸了，怪师傅冒教好，是不是屁股不正怪围桶歪咧。

453. 屁爬了

形容忙碌、热闹的样子，多含讥讽意味。

如：这些时忙得屁爬了，什么成果都没有。

451～456
扫一扫，听听看

454. 屁筛的

指很费力的。

如：这石头我整得屁筛的都搬不动，太重了。

455. 改巧

指外行，不懂行的人。

如：他说得不在点上，又想充内行，真是个改巧。

456. 张一脚

张：蹬，踢。张一脚就是踢了一脚意思。

如：我明明看到你张了他一脚，你还说没有打人。

457. 张倒

指注意，留意到。

如：刚才老张跟你打招呼，你没张倒。

458. 张事

457～461
扫一扫，听听看

1. 关注事情。

如：这伢真张事，妈妈出门帮着拿包包。

2. 保持清醒的神志。

如：他中风躺在医院里，人都不张事了。

459. 鸡毛帚子

指掸灰用的鸡毛掸子。

如：你用鸡毛帚子把墙上的灰扫一下。

460. 鸡头包

相关词语：鸡头米

指芡实。

如：鸡头包不好吃，但有一定的药用价值。

461. 鸡筹

指鸡笼子。

如:下午五点以后,鸡子就慢慢归鸡笼了。

462. 玩称

指短斤少两。

如:市场上现在都是用电子秤,玩称的现象几乎没有了。

463. 玩巧

指玩假的,达到损人利己的目的。

如:靠玩巧是成不了气候的,还是要脚踏实地地干。

464. 玩水

在水里戏闹,也特指游泳。

如:武汉伢长在长江、汉水边,一般儿子伢(男孩)都会玩水。

465. 玩头

1. 后缀语,相当于"反正……",表示豁出去了;

如:心横了的玩头,谁怕谁呀。

2. 没意思;

如:这个游戏没有内涵,没什么玩头。

462～467
扫一扫,听听看

466. 玩味

相关词语:习味

指讲风光、排场、体面、炫耀的举止行为。

如:伙计,穿的一身名牌,蛮玩味的咧。

467. 青皮豆

指光头。

如:热天(夏天)了,剁个青皮豆凉快些。

468. 现

相关词语:现了一晚上

1. 打转转;

如:你坐一下好不好,就在那里现,把人的头都搞晕了。

2. 忙碌;

如:为了赶工期,我昨天在工地高头(上面)现了一晚上。

469. 现自

相关词语:现斯

比喻“本来就”的意思。

如:现自我头疼,你还在这里闹。

468～472
扫一扫,听听看

470. 现过现

指现场交易,不欠账。

如:你卖我买,现过现,把钱拿货走人。

471. 现膀

指现捉,当场被发现。

如:他上班外出办私事,回公司时被老板在门口堵住了,抓了现膀,扣款 100 元。

472. 抹脸

抹脸:变脸。

如:这个人抹脸像翻书的,莫惹他,离他远一点。

473. 抲[1]行

指强行介入别人的行当或生意的行为。

如:你是卖菜的,怎么又卖起鱼来了,你这不是抲我们的行吗?

474. 拔两口(烟)

比喻用劲吸两口的意思。

如:火车快开了,拔两口(烟)就丢了,快上车。

475. 拈不上筷子

比喻微小得不值一提。

如:这点小事拈不上筷子,我来办。

473～476
扫一扫,听听看

476. 昆倒个脸

昆:沉闷,冷漠,不说话。

如:她一天到黑都昆倒个脸,像哪个差她钱似的。

① 抲,音掐。

477. 抽跳

抽跳的本意是抽去供上下船的跳板，现有两个喻义。

1. 突然撤回某些条件或承诺，给对方造成困难；

如：马老三不地道，和几个同学集资办公司，看到经营不好就提前抽跳了，把他的资金抽走了。

2. 抽身离开；

如：这事与你不相干，现在抽跳还来得及。

477～481
扫一扫，听听看

478. 抽条子

抽条子原指植物春天长出新枝或原有枝条返青继续生长变长，在武汉话中比喻小孩子在10多岁后的发育过程中长高、变瘦的现象。

如：小时候胖乎乎的不要紧，大了都要抽条子的。

479. 拐

相关词语：拐人、拐家伙

指坏的意思。

如：我问他六渡桥么样走，他就是不告诉我，好拐啊！

480. 拐子

拐子：哥哥，类似于普通话里面的老大、大哥。

如：你是拐子你说了算，我们听你的。

481. 拐话

1. 不顺耳的话；

如：他只听好话，不听拐话。

2. 对人对事不利的话；

如：他到处说别人的拐话。

482. 挋一声

指说一声，打个招呼。

如：我哪晓得你要这个东西咧，你昨天又不挋一声。

483. 抵[1]人

相关词语：杵[2]人

指说话态度生硬，不留情面。

如：说话抵死人的，不想跟你说。

482～486
扫一扫，听听看

484. 抵[1]火

指抵抗对方的冲击。

如：两军交战，一方冲击，一方抵火。

485. 抵[1]实

指扎实、厉害。

如：这碗牛肉面好抵实呀，把人吃得撑倒（吃饱了）。

486. 抵[1]面

指（两人）面对面。

如：你莫搞阴谋诡计，我们三人抵六面把话说清楚。

---

① 抵，音近似于读怼。

② 杵，音近似于读处。

487. 抵[1]倒

指顶住、顶着。

如：车子要滑了，快拿块砖头抵倒。

488. 拖驳子

指离婚后带着小孩。

如：这个女人离了婚，还带了个拖驳子，都是靠自己在支撑。

489. 拖桌子

指请人吃饭。

如：你要他帮忙，就拖个桌子请哈他。

487～491
扫一扫，听听看

490. 者

相关词语：者气、者者

1. 撒娇；

如：这个小孩几会者勒，非要妈妈把虾子剥好了喂到口里才吃。

2. 骄傲、得意；

如：她打乒乓球得了冠军，者得不得了的

491. 者得膀腥

指过度地撒娇、发嗲。

如：你都 10 岁了，还非要爸爸抱着走，真是者得膀腥。

---

[1] 抵，音近似于读怼。

492. 顶

相关词语：顶嘴、顶人

指不客气地回嘴。

如：我说一句，你顶一句，真是气死人的。

492～497
扫一扫，听听看

493. 拎草鞋

相关词语：提草鞋

指干卑微的事或巴结人，跟班的。

如：我们都是拎草鞋的，只能跟着老大混。

494. 拎采花

指暗地调换提包，达到行窃目的。

如：小偷在火车站候车室拎采花以为得手了，哪晓得他早就被警察盯住了，抓了个现膀(现行)。

495. 抱蛋

指母鸡在孵蛋。

如：你莫到跟前去了，鸡子(母鸡)在抱蛋。

496. 抱小面

比喻把姿态放低，比较谦卑的意思。

如：求人办事，总是要抱点小面的。

497. 拉瓜

1. 脏、不干净；

如：你又到哪里去玩了的，身上搞得拉瓜死了的。

2. 人品不好；

如：他做人蛮拉瓜，现在我们都不跟他玩了。

498. 拉炉子

指散伙了，结束了。

如：昨天打麻将玩到晚上 10 点就拉炉子，各自回家了。

499. 拉管

498～502
扫一扫，听听看

指吹牛。

如：你说得夸张了，有些拉管，事情的真相不是那样的。

500. 拉横

指不讲道理，横扯皮。

如：跟你解释清楚了，你又不听，一大早就跑来拉横。

501. 招呼

1. 问候；

如：邻里之间，见面打个招呼，表示彼此尊重。

2. 接待、料理；

如：家里来了客人，要买点好菜，好好地招呼一下。

3. 教训一下；

如：这伢很有点犯嫌（讨厌），我不好出面，你帮我去招呼一下，让他长点记性。

502. 招起来

指（把什么）掀一点起来。

如：卧单（床单）太宽了，两边要招起来一点。

503. 抬桩

比喻捧场的意思。

如：老张的儿子明天结婚办酒席，大家都去抬个桩啊！

504. 苦瓜脸

相关词语：苦麦子

指愁苦的面容。

如：一天到晚都是个苦瓜脸，冒得人搭理他。

505. 苛

503～508
扫一扫，听听看

1. 搂、抱；

如：把小孩苛紧一点。

2. 挤、卡（得使人难受）；

如：衬衣领小了，颈子苛住了不舒服。

506. 直唆

指（寒风）呼呼吹。

如：冬天路过巷子口，冷风直唆，吹得人透心的凉。

507. 苕大的块头

指很大的个子。

如：你莫看他苕大的块头，举重比赛还输给了小个子。

508. 苕不拉机

指蠢、愚钝，多用在亲人朋友或者爱人之间。

如：我都讲了三遍了，你还没有搞懂，真是苕不拉机的。

509. 苕头日脑

指呆头呆脑、傻里傻气，更多用于普通关系或一般的熟人关系。

如：就你这苕头日脑的样子还想做大生意，莫被别个哄了额。

509～512
扫一扫，听听看

510. 苕吃哈胀

指没有节制地吃喝，傻傻地猛吃。“哈”也是傻的意思。

如：他每天苕吃哈胀的，结果吃成了个大胖子。

511. 苕脱了节

指说话、做事完全没有章法。形容犯的错很低级，这样居然都会做错的意思。

如：手机哪能用水洗咧，那不报废了，简直是苕脱了节。

512. 苕得不听见

指非常傻，太笨了，又蠢又犟的意思。

如：明明知道是骗人的，小张就是苕得不听见，还要相信。

513. 杵①

指，戳、捅。

如：你看锅里的肉煮熟了没有，拿筷子杵一下。

514. 杵①人

513～518
扫一扫，听听看

形容说话生硬，不柔和。

如：他说话蛮杵人。

515. 杵①头子

指秃峰，尖端磨损了。

如：我这支笔不好用了，是个杵头子。

516. 杵①头杵脑

指说话、办事很冒失，没有分寸。

如：你怎么找了这么一个帮手，杵头杵脑的，做事情不行。

517. 板人

1. 累人，使人疲劳；

如：调皮的小孩真是板人，不好带。

2. 麻烦，费力；

如：这件事太复杂了，做起来蛮板人。

518. 板手

指不顺手，不合拍，别扭。

---

① 杵，音近似于读处。

如:老板,麻烦您把我的搭档换一下,我们在一起做事蛮板手。

519. 板沙

指手脚乱动。

如:你又到哪里去板沙了的,身上搞得黑死人的。

520. 板命

1. 瞎折腾;

如:板了半天的命,随么事都冒搞成。

2. 玩命,拿性命当儿戏;

如:你这样搞真是在板命。

521. 枪被

枪毙的意思。

如:那个犯人前两天被枪被了。

519～524
扫一扫,听听看

522. 画胡子

指脸上很脏,好像画了胡子似的。

如:把你的画胡子脸去洗一下。

523. 卧单

指床单。

如:卧单脏了去洗一下。

524. 刺人

相关词语:恶人

指令人恶心。

如:这地上泼得又是汤、又是饭,也不收拾,看到蛮刺人。

525. 刺出去

相关词语:抻出去

比喻伸出去的意思。

如:坐车子注意安全,莫把头刺出去了。

如:把篙子(竹竿)刺出去晒衣服。

525～529
扫一扫,听听看

526. 卖杠

相关词语:卖味

指炫耀。

如:他买了一辆宝马车,像不得了的,就在那里卖杠。

527. 转弯

1. 妥协;

如:这个人是个直脾气,不晓得么样转弯。

2. 劝解;

如:他们在吵架,你去转个弯。

528. 软堂

指性格软弱的人。

如:别人欺负到你头上了都不敢吭一声,真是个软堂。

529. 到边哈去

指到旁边去。

如：今天心情不好，莫缠我，滚到边哈去。

530. 到处刹

指到处跑。

如：工作时间我们要坚守岗位，不能串岗到处刹。

531. 到房窭里来

房窭里：房里面。

如：外面阴冷，到房窭里来暖和一些。

530～533
扫一扫，听听看

532. 孟葫罗

相关词语：梦古罗

孟葫罗是闷葫芦的音变，指用来存钱的瓦器，像无口的小酒坛，上有一细长的口，钱币投进去后拿不出来，必须打破才能拿到。

如：辉辉非常懂事，收到压岁钱都放到孟葫罗里，到开学的时候再拿出来买学习用品。

533. 虎爪

指鬓角。

如：我剃头（理发）总是把虎爪剃得干干净净的，显得人精

神一点。

534. 味口蛮鲜

指态度热情。

如:你那个朋友味口蛮鲜,找他帮忙哏都不打,满口就答应了。

535. 味蛮嗝

指对人冷漠。

如:老王平时对谁都味蛮嗝,不知哪个给他的底气。

536. 呵一餐

指吃一餐。

如:今天碰到你蛮高兴,一起去呵一餐吧。

534~539
扫一扫,听听看

537. 呵倒你

相关词语:呵倒、哄倒、冰倒

呵:呵护、抚慰。呵倒你就是哄着你、迁就你的意思。

如:老婆,我这样呵倒你,你就转个弯,莫生气了啊。

538. 呼七吼八

指咋咋呼呼的。

如:他在那里呼七吼八地搞么事啊,搞得我们糊里糊涂的。

539. 呼两篼子

呼:打。呼两篼子指打乒乓球或羽毛球等。

如:你正们咱(现在)有事吗?冒得事我们去呼两箍子。

540. 呼的妈的

相关词语:胡的妈的、胡里麻里、胡里妈里

1. 不分青红皂白;

如:你事情还冒搞清楚,就呼的妈的说我不对,我确实难以接受。

2. 莫名其妙;

如:你呼的妈的跟着他走了,干什么去呀?

540～544
扫一扫,听听看

541. 咚他一下

指调戏一下。

如:你去咚他一下,昨天我们都拿了奖金,就他冒得,看他么反应。

542. 咚咚呛

指懵懵懂懂的人。

如:无证经营是违法的,你还无所谓,真是个咚咚呛。

543. 贩桃子

指逃之夭夭(桃谐逃)。

如:当小毛得知有警察要来找他时,他提前贩了桃子。

544. 沓沙

相关词语:沓里沓沙

指很脏,不整洁。

如:你10天都冒洗澡了,沓里沓沙的,快去洗吧。

545. 图一头

指希望能得到一点利益。

如:他为什么那么殷勤,还不是想图一头!

546. 绊手绊脚

指碍手碍脚。

如:你让开,莫在这里绊手绊脚的,我好做事。

547. 迭务

545～549
扫一扫,听听看

1. 故意;

如:我怕你冒听清楚,迭务多说了几遍。

2. 特地、专门;

如:这是我迭务为你做的红烧鱼,你尝尝。

548. 乖乖龙滴龙

惊叹语。

如:乖乖龙滴龙! 这个地方的风景好美啊!

549. 凭①得人身上

相关词语:喷得人身上、凭在栏杆上、喷在栏杆上

凭:扶、倚。凭得人身上指用手或肘倚在别人的肩(身)上。

如:你这么大的个子,莫凭得人身上,他那点小个子哪受

① 凭,音近似于读喷。

得了吵。

550. 刮气

指漂亮。

如：你今天穿的名牌衣服和鞋子，好刮气啊！

551. 刮痧痞子

1. 旧时指铜板，现指很少的钱；

如：钱用完了，身上一个刮痧痞子都冒得（没有）。

2. 形容薄片；

如：这木板像个刮痧痞子，不能睡人。

552. 和梗

550～554
扫一扫，听听看

相关词语：活梗

1. 压根的；

如：他和梗的是个糊涂虫。

2. 完整的；

如：他一口把包子和梗地吞下去了。

553. 科腰子

相关词语：科心、窥心、斗散放

形容调侃，开玩笑的意思。

如：你说明天送我一瓶香水，不会是跟我科腰子的吧。

554. 侉侉

指大而不当，难看。

如：他穿得不得体，真像个侉侉，难看死了。

555. 佮[1]不得

相关词语：葛不得人

指不能相处，不相容，看不惯。

如：我屋里老婆蛮佮不得人，我乡里的亲戚来住两天，她嚼死人的。

556. 往前磨哈子

磨：移动。往前磨哈子意为向前移动一下。

如：你往前磨哈子，我连下脚的地方都冒得。

557. 舍得做

指做作的意思，调侃的语气。

如：他舍不得吃、舍不得喝，舍得做，怪人一个。

555～558
扫一扫，听听看

558. 舍了

相关词语：舍本、折本

1. 亏本了；

如：进货的成本太高了，这笔买卖做舍了。

2. 惊叹语：不好了、坏了；

如：舍了！舍了！出门时家里的煤气炉子冒关好，我要赶紧回家。

---

① 佮，音郭。

559. 怂

1. 笨；

如:“这件事他能做好吗?”

“勒伢(这孩子)有点怂,他做不好的。”

2. 呆板；

如:你看你个怂相吵,要挨打了还不快跑!

3. 胆怯；

如:这个问题在台下你说得很清楚,怎么上场就怂了,答不上来了呢?

560. 怂倒别人扯皮

指怂恿别人闹矛盾。

如:你莫信懂,他就是喜欢怂倒别人扯皮,他好看笑话。

561. 贪凉

指贪图凉快。

如:秋天到了,晚上睡觉莫贪凉啊,小心感冒了。

559～563
扫一扫,听听看

562. 念条

1. 用语言表示不满,批评；

如:任务下来了,莫念条,快去做。

2. 唠唠叨叨地催促,说教；

如:这件事没做好,他又要念条的。

563. 胀死人

胀:说话很呛。胀死人就是说话呛得别人很难受。

如:你说话胀死人的,我们谈不下去了。

564. 肥坨

564～568
扫一扫,听听看

形容胖乎乎,很逗人喜欢的样子。

如:宝宝长得肥坨了,真可爱。

565. 鱼红

指把鱼肉剁成泥状,然后做成鱼元子。

如:这条青鱼好大,做鱼红蛮好。

566. 鱼肉哈了

哈了:变质了,变味了。鱼肉哈了是指鱼肉有点变味了。

如:今年腌的鱼肉哈了,不能吃,都浪费了。

567. 夜壶

夜间起夜时,装尿用的盛器,男性用,城市里现已基本绝迹。

如:爹爹! 夜壶放在您家床底下啊。

568. 夜猫子

原意指猫头鹰,现比喻经常晚睡或不睡觉的人。

如:他是个夜猫子,白天睡大觉,晚上出来活动。

569. 底哈

相关词语：底下

底哈：下面。

如：在江边，从底哈看长江大桥，真是很雄伟。

570. 放快

1. 乌鸦嘴，说不吉利的话；

如："我这几天老是觉得胸疼，是不是得了肺癌啊？"

"莫放快，去检查一下不就晓得了。"

2. 话说早了；

如：你莫放快，公司还没有宣布就不要说。

571. 放肥

指有意给对方好处。

如：他们能赢下这场比赛，完全是因为裁判放肥，要不然赢不了。

572. 放冲

指打麻将放炮了。

如：昨天打麻将总是放冲。

569～574
扫一扫，听听看

573. 放眨眼

比喻失去控制了。

如：你把东西保管好，小心他们来哄抢放了眨眼。

574. 放鸭子

1. 没有约束了；

如：今天老板不在，都放了鸭子，各搞各的去了。

2. 四处散开；

如：队伍一进了公园，就放了鸭子。

575. 放鸽子

1. 指利用权力让他人获利的作弊行为；

如：今天我在食堂当班，等下你来买饭，我放你的鸽子，不收饭票。

2. 不遵守诺言；

如：他答应了的不去办，放了别人的鸽子。

576. 闹药

575～577
扫一扫，听听看

相关词语：痨药

1. 毒药，如敌敌畏等；

如：闹药有毒，存放要小心。

2. 喜欢惹事、胡闹的人；

如：这几个家伙来了不得安宁，简直是一群闹药。

3. 喜欢开玩笑、闹腾的人；

如：老秦是我们这里的闹药，他一来就搞得大家笑呵呵的。

577. 闹眼子

1. 玩虚的、忽悠；

如：说好了去喝茶的却又不去，他又在闹眼子。

2. 消息不实；

如：那个房子早就说要建，现在还冒开工，纯属闹眼子。

3. 开玩笑、闹着玩；

如：他没有事，来闹眼子的。

578. 闹得水响

指做事不低调，动静搞得较大。

如：他接了一笔工程，到处请人帮忙，闹得水响，结果不了了之。

579. 闹膀了

指弄得大家都知道了。

如：老王岔得很，说好要保密的事，第二天上班时，全厂都晓得了，肯定是被他闹膀了。

580. 闹豁子

578～581
扫一扫，听听看

相关词语：闹豁嘴

1. 凑热闹，闹着玩；

如：这是蛮重要、蛮正经的事，不能闹豁子瞎搞咧。

2. 应付、敷衍；

如：他说话不守信用，总是跟我闹豁子。

581. 闹醒黄

1. 胡闹、逗着玩；

如：我是认真的啊，你们莫跟我闹醒黄。

2. 跟说的不是一回事；

如：装修师傅说好上午九点钟来的，结果到下午一点都还没来，完全是闹醒黄。

582. 戽[①]进去

戽：抹（掉）。戽进去就是（帮助）抹进去了。

如：打台球本来他没有打进洞，是我趁别人不注意帮他戽进去的。

582～585
扫一扫，听听看

583. 炒现饭

指重复说过的话或做过的事。

如：他在上面作报告炒现饭，底下的人都睡着了。

584. 炊箅[②]

指蒸食物用的铁皮，铁皮上有很多规则的小孔，把要蒸的食物放在铁皮上。

如：过去蒸饭都要用炊箅垫在底下，蒸出来的饭柔软爽口。

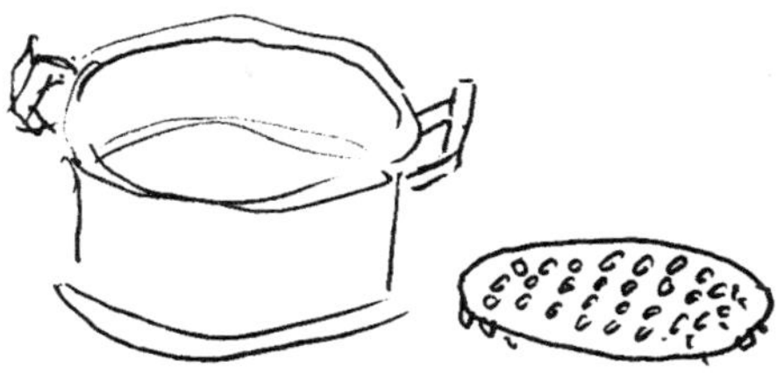

585. 浅死

指擦边球或因球台上有裂痕，球落在上面后运动轨迹改

① 戽，音户。
② 箅，音皮。

变了。

如:对不起,打了个浅死,你没接住,赢了你一分。

586. 沾舷

586～588
扫一扫,听听看

1. 接近事实;

如:你现在这样做才沾了舷。

2.(与)事物有关联;

如:当时他不在现场,这件事与他不沾舷。

587. 油饺子

一种早餐食物:用和好的面团做外皮,里面包肉馅,油炸而成。

如:昨天过早,我吃的是牛肉粉搭油饺子,真是绝配。

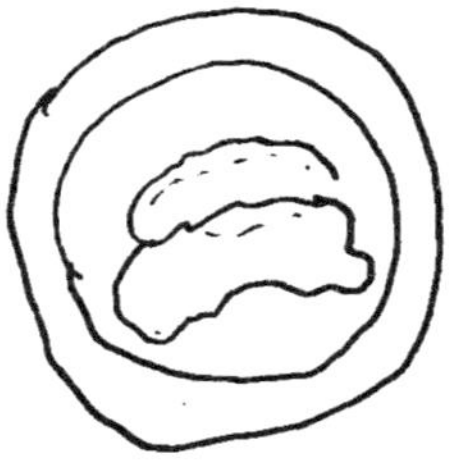

588. 泡

1. 虚而松软;

如:这土是泡的。

2. 往多的估算;

如:这个预算打得太泡了,按实际情况再修改一下。

3. 轻浮;

如：我妈妈说他太泡了，不准我跟他谈朋友。

589. 泡把斤

泡把斤：10 斤左右。

如：这条鱼好大啊，只怕有泡把斤勒。

589～593
扫一扫，听听看

590. 泡闪

指不稳重，炫耀的意思。

如：他做了一点事，就在那里泡闪泡闪，像不得了的。

591. 泡筒子

指虚胖，根基不稳。

如：你莫看他块头大，其实是个泡筒子，一推就倒了。

592. 泼了

1.（水）洒了；

如：洗脸盆冒端稳，泼了一地的水。

2. 生意做砸了；

如：陈经理进了一批货，以为要赚大钱。结果一件都没卖出去，生意做泼了。

593. 快了

1. 枯萎；

如：花快了，是不是冒浇水啊。

2. 没精打采；

如：你是不是病了？看起来人都快了。

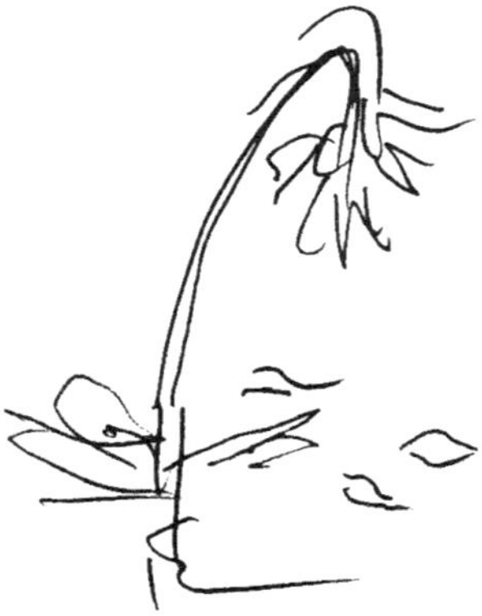

594. 怏鸡子

594～596
扫一扫，听听看

1. 发瘟或有病的鸡子；

如：你卖的是怏鸡子，我不要。

2. 比喻精神不振的人；

如：你这两天怎么像个怏鸡子，有么不顺心的事？

595. 怪物

1. 奇形怪状的东西；

如：这个变形金刚像个怪物。

2. 性情古怪的人；

如：我们单位的小刘一年四季喝冷水，从来不喝开水，你说是不是个怪物。

596. 宝气

1. 无能或古怪荒唐的人；

如：这是哪个找来的宝气，古里古怪的。

2. 顽皮的小孩；

如：这伢从小就顽皮，真是个宝气。

3. 逗人喜欢的人；

如：他啊，像个宝气，在一起总有笑话听。

597. 定板

1. 拍板、做决定；

如：我们讨论了半天，意见不统一，还是你来定板吧！

2. 肯定了的事情；

如：他的优势很明显，定板该他赢。

597～601
扫一扫，听听看

598. 空板

指什么都没有（暗指钱输光了）。

如：这些时打麻将莫找他，他现在是空板。

599. 郎档

指认输了，服软了。

如：他是个怀货（差劲的人），比赛还冒开始就郎档了。

600. 郎咖

尊称您的意思。

如：先生，您郎咖是不是这个店的经理呀？

601. 该因的

指注定的（含有同情、惋惜的意思）。

如：也是该因的要出错，车子早就要去保养的，就是拖啊拖，结果发动机烧了。

602. 录堂

所谓的“好汉”，实即蛮横无理的人。

如：他总是喜欢充录堂，实际上被别人一吼就怂了。

603. 录得很

指胆量很大，很鲁莽。

如：他录得很，周围邻居都躲着他。

604. 练盘

指砚盘。

如：现在写字都是用钢笔，不用毛笔，所以家里都看不到练盘了。

605. 细倒吃

602～607
扫一扫，听听看

指节省着吃。

如：这麻花细倒吃啊，莫一下搞完了。

606. 玻璃胯子

1. 泛指知名人士；

如：他是个玻璃胯子。

2. 形容腿部比较容易受伤（骨折）的人；

如：你这个玻璃胯子不能去打足球，莫把自己打残了。

607. 挂子

指上衣。

如：这件挂子穿了一个星期，有点拉瓜（脏）了。

608. 挂倒

相关词语：该倒

指欠账。

如：你现在资金比较困难，账就先挂倒吧，等以后情况好了再说。

608～611
扫一扫，听听看

609. 挂狗肉账

形容不好收回来的账。

如：开个小餐馆，就怕挂狗肉账，不然资金周转不了。

610. 挝[①]倒

1. 低着头；

如：这个人不自信，与人交流时总爱把头挝倒。

2. 打、踢的意思；

如：她挝了他一脚，要他学会尊重人。

611. 挦[②]毛

挦：扯、拔。挦毛就是把毛拔下来的意思。

① 挝，音近似于读抓。

② 挦，音咸。

如：这猪皮上有好多毛，你把它捋干净。

612. 垮了

612～615
扫一扫，听听看

指失败了。

如：蛮好的一手牌，都被打垮了。

613. 拽拽

指手指弯曲，不能伸直。

如：这伢的手怎么是个拽拽呀，去看看能不能治一下。

614. 指甲撇了

撇：掰。指甲撇了是表示手指掰伤了。

如：晚上下楼时不小心脚踩空了，手扶墙时把手指甲撇了。

615. 挖他两尼弓

相关词语：毛他两尼弓

挖：敲；尼弓：手指弓。挖他两尼弓指用手指弓敲他脑袋。

如：不听话吵，挖他两尼弓就好了的。

616. 挖地脑壳

1. 在街头设局骗取钱财；

如：在医院门口挖地脑壳算命的，多半是骗局。

2. 摆地摊卖东西；

如：下岗了，冒得事做，只有挖地脑壳，混口饭吃。

3. 在街头饮食摊吃喝；

如：走咧，我们去挖地脑壳，喝点小酒。

617. 挖倒读

指干到底，干到结束了。

如：这件事我从头挖倒读，全过程只有我最了解。

618. 挓[1]倒

指张开的意思。

如：坐有坐相，不要把腿挓倒，不文明。

616～620
扫一扫，听听看

619. 带一脚

1.（汽车）临时停一下；

如：师傅请带一脚，我要下车。

2. 顺便载一程；

如：他要到六渡桥去，麻烦你带一脚。

620. 带把子

指说话带有骂人的字眼。

---

① 挓，音渣。

如：他讲话总喜欢带把子，习惯不好。

621. 带和

相关词语：扯劝。

比喻从中调解双方的矛盾，让双方和好的意思。

如：隔壁的夫妻两个在吵嘴，你快去带个和。

622. 带意思

故意通过言行显示比对方强的意思。

如：我就要带你的意思，你能把我么样咧。

623. 草席子

指用草编成的席子，夏天铺在床上。

如：夏夜把草席子铺在草地上，躺在上面数星星很惬意。

624. 茶篓子

621～626
扫一扫，听听看

指喝茶的瘾很大的人。

如：晚上都快要睡觉了，你又要去泡壶茶喝，真是个茶篓子。

625. 荒器

1. 游民；

如：你今天怎么搞得这荒器啊！被老婆赶出来的吗？

2. 乞丐；

如：胡子拉碴的，像个荒器。

626. 荒货铺

指废品回收商店。

如:这屋里堆得乱七八糟的,像个荒货铺。

627. 荡

1. 摇晃;

如:你去把那一碗汤端过来,小心点莫荡洒了啊。

2. 划(水);

如:让我们荡起双桨。

3. 把刀在布、皮上来回摩擦使其锋利;

如:老式的剃头(理发)师傅都有一块荡刀布。

628. 荡划子

划子:小船。荡划子就是荡船。

如:集家嘴的划子,搚倒荡(不停地划)。

627～630
扫一扫,听听看

629. 栀子花、茉莉花

1. 名堂多,找理由;

如:叫你陪我逛商场,你一下说肚子疼、一下说脑壳昏,尽是栀子花、茉莉花的,就是不想去。

2. 言谈中东扯西拉,顾左右而言他;

如:你不要跟我讲栀子花、茉莉花的,就直说参不参加这次活动。

630. 要味

1. 显示比对方强;

如:他这个人说话总喜欢要味,像蛮不得了的。

2. 炫耀;

如：他打牌输了像个苕，赢了就喜欢耍味。

631. 歪

1. 坏、乱来；

如：这个人有点歪，跟他打交道小心点。

2. 倒下；

如：他刚才还好好的，怎么一下就歪了。

3. 待在（某地）；

如：我哪里都不去，就在这里歪着。

4. 小睡；

如：今天有点累，我到床上歪一下。

631～634
扫一扫，听听看

632. 歪七索八

比喻不端正，不整齐的意思。

如：你们这个队怎么排得歪七索八的，看别人的队排得几整齐呀。

633. 歪究

指不讲道理。

如：明明是你不对，你还要在那里歪究。

634. 歪歪弱

1. 指人的体质很差；

如：他是个歪歪弱的身体，你把他招呼好。

2. 指（物体）本来就快不行了；

如：这个板凳本来就是歪歪弱，怪我坐垮了。

635. 砍货

指剩下的货，打大折扣甩卖。

如：今年销售情况不好，为了加快资金周转，产品都当砍货卖。

636. 耍心窟眼

指耍心眼。

如：多做实事，你耍心窟眼玩滑头，别人一眼就看出来了。

637. 耍拉

1. 迅速、麻利、利落；

如：他做事情蛮耍拉。

2. 爽快；

如：你表态耍拉点，干不干？

635～639
扫一扫，听听看

638. 耍单边

1. 独自行动；

如：我们约好大年初三到奶奶家拜年，结果他耍单边初一一个人先去了。

2. 单身；

如：你们都是成双成对的，就我一个人耍单边。

639. 耍赖

比喻不认账，不承认错误的意思。

如：你明明差公司的货款，为么事耍赖不付，一点诚信都冒得。

640. 背时

640～644
扫一扫，听听看

指倒霉，不走运，遇事不顺利。

如：人背时，喝水都塞了牙齿。

641. 背闲

指相对人少，清静的环境。

如：你去安排一个背闲的地方，我们要谈一件重要的事。

642. 点水

1. 告发、告密；

如：老师怎么会知道我没上自习课呢？肯定是有人点水了。

2. 烹调时往锅里加一点水；

如：煮饺子开锅后要点三次水才熟透了。

643. 点头瞌脑

指点头哈腰。

如：领导来视察讲话，他就在那里点头瞌脑，一副讨好的样子。

644. 点筋

1. 点中对方要害或短处；

如：你今天批评他批评得对，点到他的筋上了。

2. 揭露真相；

如：要想人不知，除非己莫为。你怕不怕我点你的筋。

645. 削一口

指:双唇抿着吸一口。

如:这个冰棒的味道真好,让我再削一口。

646. 是那个事

称赞之语,意思是不错、令人满意。

如:小杨做人是那个事,关键的时候他总能帮上你的忙。

647. 是的吵

表示赞同。

如:是的吵,就是你说的这个意思。

648. 剐人

剐:消耗,刮去。剐人指刮去人的脂肪。

如:这些时冒喝汤,光吃素菜好剐人。

645~649
扫一扫,听听看

649. 冒学熟

指待人处世不成熟。

如：你真是冒学熟，过年哪能空倒手去别人家咧。

650. 冒得油盐

指没有实际内容，无意义的言论或事情。

如：他发言总是长篇大论的，都是冒得油盐的话，搞得大家打瞌睡。

651. 冒得整

指没有办法管理好。

如：身体不好，要他莫乱跑，他还是出去旅游了，真是冒得整。

652. 品倒

650～654
扫一扫，听听看

相关词语：品了

指在同一条水平线上或相同的位置并排。

如：你们一群人品倒走，把路都拦了。

如：小时候飞糖纸玩，两个小朋友都将糖纸贴在墙上放飞，结果两张都飞在地上一条平线上，论不出输赢，谓之品了。

653. 咽菜

咽：搭着、就着（主食或酒水）吃。咽菜的意思就是吃饭喝酒时吃菜。

如：你吃饭要咽菜啊，莫太客气。

654. 哈一道印子

哈：用手挠；印子：痕迹。哈一道印子是指用手指挠出了一道痕迹。

如：指甲壳太长了，扣痒时不小心哈了一道印子。

655. 哈巴苕

指非常傻的傻瓜，带有瞧不起、轻蔑的意思。

如：他呆在那里不知所措，就像个哈巴苕。

656. 哈钱

指捞钱。

如：那个家伙会哈钱，很早就成了万元户。

655～660
扫一扫，听听看

657. 哈笑

指傻笑。

如：你一个人站在那里哈笑么事啊，像个苕样的。

658. 咬一口

咬一口：武汉人说“袄”一口。

如：小宝宝的粉脸红得像熟苹果，真想咬一口。

659. 咵天

指聊天，闲聊。

如：“你们昨天在哪里玩啊？”

“在茶社里喝茶咵天。”

660. 咵咵

1. 喜欢聊天并且能聊的人；

如：他是个咵咵，一个人可以紧讲（长时间地说）。

2. 夸夸其谈、喜欢吹牛的人；

如：他说话不靠谱，是个哼哼。

661. 贱三爷

传说中的机智人物，汉阳人，本名健，排行第三。后被用来比喻不自重的人。

如：那个人真是个贱三爷。

662. 贱命

指忙忙碌碌、很辛苦。

如：他就是个贱命，闲不住。

661～665
扫一扫，听听看

663. 相因

相关词语：香因、占相因、占香因

1.（价格）较低、划算；

如：今天买了个相因，这衣服打对折。

2. 不应该得到的利益；

如：你莫想占我的相因。

3.（使他）得到好处；

如：莫相因了他。

664. 枷椅

指婴儿坐的小圈椅。

如：把枷椅拿过来，让毛毛坐。

665. 看把戏

指看热闹。

如：夫妻两人在路边吵嘴，被一些人围倒看把戏。

666. 看得[1]台戏

相关词语：看抵台

1. 离场面很近，看得真切；

如：昨天看杂技表演坐在第一排，看得台戏，好过瘾。

2. 幸灾乐祸；

如：老张和老王吵起来了，走！我们去看得台戏。

667. 科了

1. （皮肤）干燥起皮；

如：秋天火大，冒喝水，嘴巴也科了皮。

2. 取下来；

如：洗澡要把手表科下来。

3. 撤职；

如：红红的班长被科了，心里不舒服。

666～669
扫一扫，听听看

668. 顺风

指猪耳朵。

如：顺风可以炒，也可以卤，都蛮好吃。

669. 俏皮

1. （相貌）漂亮；

如：她长得好俏皮啊。

---

① 得，音怼。

2. 骄傲；

如：你莫俏皮，谦虚点，这世上有能耐的人多的是。

670. 信邪

相关词语：信你邪、信你的邪

比喻不得不服了你的意思。

如：我信你的邪！这么贵的衣服你也舍得买。

671. 信咚

轻信别人的怂恿。

如：你有点信咚吧，别个随便说什么话你都当真的。

672. 鬼打架

670～674
扫一扫，听听看

指荒唐，胡闹。

如：鬼打架的，这么简单的骗局你们居然相信了。

673. 鬼苗

鬼（实指人）的影子，常用来指什么都没有 。

如：你叫我今天去加班，结果我到公司去一个鬼苗都冒看到。

674. 鬼画桃符

相关词语：鬼画胡涂

指乱写乱画。

如：你这是写的么事啊，鬼画桃符的看不懂。

675. 鬼做

比喻做作，很假，作秀的意思。

如：要你吃你就吃，莫鬼做。

675～678
扫一扫，听听看

676. 鬼款

指胡说八道。

如：你莫听他鬼款，他说话一点都不靠谱。

677. 急马急戗[1]

指极其仓促的样子。

如：这个方案还要再考虑一下，不能急马急戗地就实施。

678. 胆子粗

指胆大。

如：你一个人去横渡长江，救生圈也不带，胆子真粗。

---

① 戗，音跄。

679. 须子啰嗦

1. 布帛边缘披散；

如：毛巾都破得须子啰嗦了，还不快换它。

2. 说话带脏字；

如：要提高修养，说话不要须子啰嗦的。

680. 弯倒旁边去

到旁边去。

如：不关你的事，弯倒旁边去，莫岔嘴。

679～684
扫一扫，听听看

681. 弯管子

指说话语音不标准。

如：这个播音员水平太差，讲的是弯管子普通话。

682. 亮板

亮：显示、显露；板：钱、资本。亮板就是出示、亮出钱来。

如：你莫慌着亮板，现在有钱人多的是。

683. 疯得板

指没事找事，言行不符合常理的举止。

如：八十岁的爹爹还想去跳街舞，简直是疯得板。

684. 差火

差劲，指人的品质、能力或东西的质量不好。

如：这个人很有点差火，总是在背后挑拨是非。

685. 差秀阳火

指非常差劲。

如：本来这单生意都谈好了，结果他跑到对方那里上添（挑拨、进谗言），把事情搞吹了，真是差秀阳火。

686. 差根弦

指缺心眼。

如：你真是差根弦，别人谈恋爱，你就不要在这里当电灯泡了。

687. 养血

相关词语：养腰子

比喻舒服，享受的意思。

如：冬天，中午在太阳底下眯一下，真养血。

685～688
扫一扫，听听看

688. 美人脱衣

指春天梧桐树扬花，落在身上后产生不舒服的反应，致使每个人都要脱衣服。

如：春天梧桐树扬花，搞得身上痒痒的，变成了美（每）人脱衣了。

689. 首冲

689～693
扫一扫，听听看

指愣头青，喜欢冒尖。

如：他还很年轻，就是个首冲。

690. 炟[1]

1. 烫，物体温度高；

如：烧开水莫把小伢炟倒了。

2. 一种烹调方法：（将面、粉）在开水中烫熟；

如：（把）热干面少炟一下，我喜欢吃有劲道的。

691. 炟[1]手

比喻烫手的意思。

如：刚出炉的烤红薯有点炟手。

692. 炟[1]衣服

指用开水泡一下衣服。

如：如果用肥皂粉洗衣服，非要炟衣服不可，不然洗不干净。

693. 炯一口酒

指喝一口酒。

① 炟，音塔。

如：今天终于把这件事搞定了，下班了都一起去炯一口酒啊。

694. 剃头

指理发。

如：头发太长了，要去剃个头。

694～696
扫一扫，听听看

695. 洗了睡

1. 该休息了；

如：都 60 多岁的人，还不洗了睡！让年轻人出来做吵。

2. 结束、完结；

如：我拿了一手好牌，这下你们要洗了睡。

696. 活泛

1. 灵活、机敏；

如：不是原则上的问题，就放活泛一点，教育下算了。

2. 方便、宽裕；

如：这些时手上蛮活泛。

697～702
扫一扫，听听看

697. 派点么事

给他安排点什么事。

如：看到你这么悠闲，我在考虑准备跟你派点么事做，也发点工资给你。

698. 洋火

指火柴。

如：把你的洋火借一下，给我点根烟。

699. 洋伞

指雨伞。

如：这个姑娘伢打的洋伞蛮好看，跟她的人真是绝配。

700. 洋架武架

相关词语：洋尬武尬

指不考虑自己身份或不顾及场合而贸然高调行事。

如：你又不看一下场合，就在这里洋架武架的。

701. 洋判

指外行。

如：你电脑坏了莫找他修，他是个洋判，修不好的。

702. 洋画

旧时香烟盒里所附的一种小画片，收集起来可以玩“打撇撇”的游戏。

如：我们小的时候没有什么玩具，大家在一起玩洋画也蛮快乐。

703. 洋油

703～706
扫一扫，听听看

指煤油。

如：天黑了，屋里看不见了，快把洋油灯点上。

704. 洋胡子

1. 鼻子下一圈黑的，像胡子一样；

如：么板眼（怎么回事）啊，你嘴巴上面是黑的，像长了洋胡子的，你自己去看看。

2. 泛指外国人；

如：六渡桥来了几个洋胡子，在那里问路大家都搞不清楚。

705 洋鼓洋号

原意是指西洋乐器，现指做事隔着行。

如：他们在那里洋鼓洋号搞了半天，都不在点上。

706. 穿一身抵不到一扪

扪：在最外面罩一件外衣。穿一身抵不到一扪是指穿一身的衣服，却比不上罩上一件外衣暖和。

如：今天天气太冷了，我要套件大衣，穿一身抵不到一扪啊。

707. 穿得像油子,冻得像猴子

指爱漂亮,穿得较少却冻得身体缩着。

如:冷吧！穿得像油子,冻得像猴子,你这是要风度不要温度。

708. 扁担

1. 放在肩上挑或抬的工具,木制或竹制;

如:现在用扁担挑东西不常见了。

2. 搬运工;

如:扁担！过来哈,把这个搬到硚口去几多钱啊?

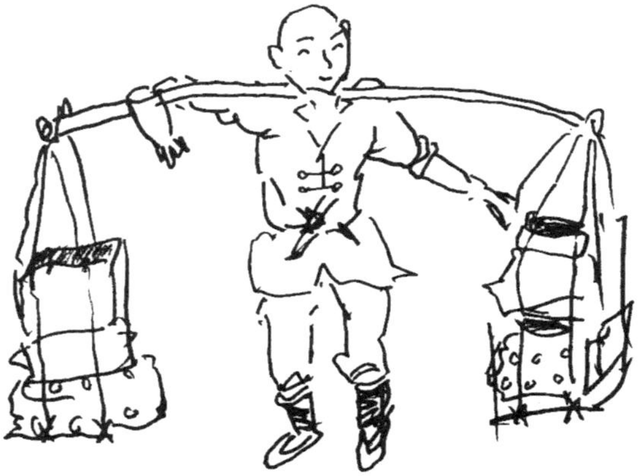

709. 神

707～709
扫一扫,听听看

1. 神灵、神仙;

如:神仙来了也没用。

2. 准确;

如:神枪手。

如:这个算命的真神。

3. 正巧;

如:又遇见他们了,真是神了。

4. 淘气;

如:你看你的伢真神,爬到墙上玩,不怕跶倒了(摔下来)?

5. 助词;

如:开水翻翻神的。

710. 神气五六洋

710～713
扫一扫,听听看

相关词语:神气五洋、神气五扬

指神气活现,趾高气扬。

如:做人不要神气五六洋,要学会脚踏实地、尊重他人。

711. 神谈五将

相关词语:神谈鬼款

1. 神谈五将比喻天南地北,东扯西拉的意思;

如:你莫听他神谈五将,都是不靠谱的。

2. 神谈鬼款指胡说八道;

如:他在那里神谈鬼款,没有一句有用的。

712. 屋沕[1]子

指潜泳。

如:这里水面窄,屋个沕子就过去了。

713. 柔头

相关词语:柔坨

---

① 沕,音蜜。

1. 柔软；

如：小吴烧的干子又香又柔头，真好吃。

2. 丰满柔韧；

如：宝宝胖乎乎的，长得柔坨了。

714. 结疤子

714～717
扫一扫，听听看

指结痂。

如：这伤口已经结了疤子，快好了。

715. 结根

比喻犟，认死理的意思。

如：道理都讲清楚了，你还是要结根，我也没办法。

716. 结烟子

指结下了矛盾，仇恨。

如：这两人吵架后，结下了烟子。

717. 结凌冰

指水结冰。

如：天气好冷啊，外面的地上都结凌冰了。

718. 统到荷包里

统：装、放（进去）。荷包：衣服口袋。

统到荷包里是指（把手或东西）装进（放到）衣服口袋里。

如：把钱统到衣服荷包里啊！莫掉了。

如：天气冷了把手统到荷包里。

718～719
扫一扫，听听看

719. 珓[①]花油

指用河蚌壳装的润肤霜。

如：你洗了脸后擦点珓花油，免得脸皴[②]了。

① 珓，音告。

② 皴，近似于读称。

720. 捞摸

720～723
扫一扫，听听看

1. 寄托、趣味；

如：一个人在家里没有捞摸。

2. 实在感；

如：这次出去撮虾子(打短工)，一点捞摸都冒得。

721. 赶一点

相关词语：赶本。

指输得比较多后，又赢回了其中一小部分。

如：昨天手气不好，要不是后来赶一点回来，还要输得多。

722. 赶点起来

指快点起来。

如：你赶点起来啊，要不上学又迟到了。

723. 起坡

指上岸，从船上到岸上。

如：船到岸了，起坡啦！

724. 起翘

1. 衣服有腰线；

如：做衣服要起翘才美观。

2. 灵活性；

如：他做事还蛮有起翘咧。

724～728
扫一扫，听听看

725. 起篓子

比喻赚钱，发财了。

如：今天运气好，起篓子了。

726. 捡过

指总是念叨过去别人没有做好或不周到的地方。

如：我姐姐跟老娘聊家常，聊着聊着我姐姐又开始捡过起来了，把老娘都气哭了。

727. 捡倒

1. 拾到；

如：搞么事在那里傻笑啊，像捡倒银子似的。

2. 收拾；

如：现在是热天了，把冬天穿的衣服捡(倒)起来。

3. 责备别人不要说废话或不想听到的话；

如：你捡倒吧！不要再讲了，说的都是废话。

728. 换手扣痒

指利益交换。

如:你帮我把湖北市场开发出来,我把上海市场让给你,怎么样,我们换手扣痒。

729. 挨一下

729～734
扫一扫,听听看

指等一下。

如:你们先去,我挨一下再走。

730. 挨板

比喻死板,不灵活的意思。

如:莫找他,这个人做事蛮挨板,一点都不活泛。

731. 挨得几们暂

指拖延到什么时候。

如:闹钟都闹了几遍了,看你挨得几们暂起床。

732. 莫慌

指不要慌张。

如:今天去面试莫慌啊! 想清楚了再回答。

733. 恶奢地

形容拼命地、使劲地。

如:要下暴雨了,恶奢地往家里跑。

734. 恶燥

指凶狠,厉害的意思。

如:小刘找的个老婆蛮恶燥,既不准他抽烟,又不准他喝酒。

735. 格子

指人体身上分泌出的油脂。

如:出差回来,几天冒洗澡,身上一搓就格子流的。

736. 桥子

相关词语:乔子

比喻搭档,伙伴的意思。

如:朋友聚会,他们两个是一对桥子,一下把气氛闹起来了。

737. 索倒

1. 歪倒;

如:这个人站冒得站像,坐冒得坐像,总是索倒。

2. 斜了、不正;

如:这个相片挂索倒了,把它调整一下。

738. 盐签子

比喻味道极咸的食物。

如:这菜弄得像盐签子,吃不进去。

735～740
扫一扫,听听看

739. 逗一碗汤

指盛一碗汤。

如:家里来客人了,先逗一碗汤给他喝,这是武汉人的习俗。

740. 套口气

比喻试探,引出真情实话的意思。

如:你先去套口气,看他能不能帮我们这个忙。

741. 顿熟了

指瓜果被摘下后,慢慢放熟了。

如:这香蕉买回来是青的,放几天顿熟了。

742. 膀一下

形容比试一下的意思。

如:你们膀一下,下围棋看哪个水平高?

741～746
扫一扫,听听看

743. 膀熄了火

指被比试下去了。

如:他们两人比试,小刘被膀熄火了。

744. 柴了

食物做过火了,老了。

如:这个酒店做的武昌鱼是招牌菜,可今天做得有点柴了,口感确实欠佳。

745. 紧吃

吃东西时间特别长。

如:一餐饭紧吃,都三个钟头了,还冒吃完。

746. 紧拖

拖了很久。

如:房子装修本来早就该结束了的,结果收尾的时候紧拖,又搞了几个月。

747. 紧哈子

把食物在开水里面稍微煮一下。

如:把肉紧哈子可以去血水、去腥味。

748. 紧晕

指动作(性子)慢慢吞吞的。

如:车子在外面等了半天,你还在屋里紧晕,快走吵。

749. 紧嚼

指不停地唠叨。

如:就是回来晚了一点吵,你在那里紧嚼,烦死人的。

750. 晕一下

形容休息一下。

如:等哈叫我,我想晕一下。

747～753
扫一扫,听听看

751. 晕皮道士

比喻性格慢吞吞,做事拖拖拉拉的意思。

如:三个月的工程量,耗了一年的时间才做完,一个个的都像晕皮道士。

752. 蚌哇

指河蚌。

如:蚌哇肉你吃过冒,有点腥,不好吃。

753. 逞倒公鸡抱儿

逞:强行按着。逞倒公鸡抱儿指强行去做不能办到的事。

如:我不会钓鱼你非要我去钓,逞倒公鸡抱儿,结果随么事都冒钓倒。

754. 啊哈

比喻附近,眼皮底下,眼跟前的意思。

如:书包就在你啊哈,你还到处找。

755. 圆泛

1. 为人、处事比较圆满,方方面面都能照顾到;

如:这件事你做得蛮圆泛,大家都没有意见。

2. 帮助、接济;

如:老刘经济上有点困难,我们帮他圆泛一下。

756. 称人

754～757
扫一扫,听听看

相关词语:疹人

1. 抵人;

如:小杨性格不好,说话总是很称人。

2. 吓人;

如:深更半夜的,这个人披头散发、穿一身黑衣服在湖边走,看到好称人啊。

757. 铆个昂

铆个:使劲、用力;昂:叫、喊。铆个昂就是使劲地叫喊的意思。

如:你走那快,我铆个昂你都冒听到。

758. 铆起搞

相关词语：铆头搞、恶奢的搞

形容拼命地搞，使劲地搞，猛搞的意思。

如：今天的菜蛮合胃口，他一个人在那里铆起搞（吃）。

759. 铇皮

1. 木屑片；

如：你们木工房的人下班后一定要把铇皮清好啊，小心火灾。

2. 零钱；

如：“伙计！好多钱啊。”

“哪里呃，都是些铇皮。”

758～761

扫一扫，听听看

760. 缺巴子

牙齿脱落的人。

如：小明一笑是个缺巴子。

761. 倒欠

倒刺，手指甲侧面或下端翘起的皮。

如：我手上长了倒欠，你帮我剪一下。

762. 倒片

指背后说坏话。

如：他昨天在我老婆面前倒片，说我在外面馋酒喝。

763. 倒拐子

指胳膊肘部。

如：打篮球的时候他一倒拐子，把我的胸擂疼了。

764. 舀子

指舀水的瓢。

如：这个舀子破了，不能再舀水了。

762～766
扫一扫，听听看

765. 翁倒一堆

指拥挤在一起。

如：就这么点地方，莫都翁倒一堆。

766. 留级猫

老资格的留级生。

如：我们班上有个留级猫，十岁了还在读一年级。

767. 浆粉

指粉笔。

如：小时候上课老师用浆粉在黑板上写字教我们。

768. 高巴

指茭白。

如：今天高巴出来了，买点回家炒肉吃。

767～770
扫一扫，听听看

769. 高头

1. 上面；

如：大学四年，我在寝室睡高低床都是睡高头。

2. 位置在高处；

如：他们在山高头唱歌，激情飞扬。

3. 物体表面；

如：过早的时候，他把面汤洒在我衣服高头了。

4. 上级；

如：这是高头的命令，我只有执行。

5. 上游；

如：武汉在南京的高头，重庆在武汉的高头。

770. 站着像门板

指呆板地站在那里。

如：让一下，莫站着像个门板。

771. 烟屁股头

指烟蒂。

如：这个人的烟瘾真大，都吸到烟屁股头了他还要拔两口。

772. 烟熄火熄

指烟消火灭，比喻事物消失，不留踪迹。

如：曾经非常红火的“好吃一条街”，现在烟熄火熄了。

773. 烟膏子

指烟瘾非常大的烟民。

如：老张是个烟膏子，除了睡觉，嘴上总叼倒烟在。

771～774
扫一扫，听听看

774. 谋[①]

指设法寻求，弄到。

如：我谋了一个旧壶，你来看一下。

---

① 谋，音盟。

775. 谋[1]宝

指寻求宝物,常用作比喻。

如:像谋宝一样,我们终于找到了这个方面的人才。

776. 消强水

1. 消毒水;

如:餐馆蛮讲卫生,每天关门后,都要用消强水拖地消毒。

2. 比喻人太坏,谁惹他谁倒霉;

如:那个伢拐(坏)得很,简直像个消强水,一天到黑跟伢们扯皮。

775~777
扫一扫,听听看

777. 海

1. 胡闹;

如:疫情这么严峻,还不戴口罩到处跑,真是海得很。

2. 天真、胆大;

如:这伢海里海气的。

① 谋,音盟。

778. 海子

指螃蟹。

如：阳澄湖的海子壳薄肉鲜，就是好吃。

778～783
扫一扫，听听看

779. 流涎搭鼻子

形容不干脆，拖泥带水的意思。

如：做事莫流涎搭鼻子。

780. 润泡子

相关词语：韵泡子、润栅子、韵栅子、润味、韵味

指品味，体会，享受的意思。

如：今天去洗了个桑拿，真润泡子。

781. 烫江

相关词语：蛮烫

指（性格）胆怯，软弱。

如：辉辉跳水最烫江，一米高的跳板都不敢往下跳。

782. 烫饭

1. 指（剩）饭和（剩）菜或汤一起煮的粥；

如：以前家里穷，过早都是煮烫饭吃。

2. 指懦弱无能之人；

如：他是个烫饭，一点担当都冒得。

783. 家公爹爹

指：外祖父。

如：我的家公爹爹每餐都要抿（喝）两口酒，身体硬足（硬朗）得很。

784. 家家

相关词语：嫁嫁

指外祖母、外婆。

如：我是在我家家屋里长大的。

784～787
扫一扫，听听看

785. 宰外码

宰：坑害，获取不义之财；外码：外地人。宰外码是指坑害、欺骗外地人。

如：有个别的老板爱宰外码，结果把武汉人的形象搞丢了。

786. 袖笼子的生意

形容秘密交易，见不得人的黑交易。

如：他无德无能，这件事还做成了，肯定是做了袖笼子的生意。

787. 课[①]倒一点

指（锅盖）不要盖严实。

如：煮稀饭要把盖子课倒一点，免得漕了（溢出）。

① 课，音括。

788. 继儿子

788～790
扫一扫，听听看

1. 指过继的儿子；

如：他没有生育能力，养了一个继儿子。

2. 指地位低下；

如：凭么事不能享受同等待遇呀？把我们当“继儿子”！

3. 怂了；

如：今天打牌输得像继儿子。

789. 掉底子

相关词语：掉味、丢讥、赊人

1. 丢丑、丢脸；

如：今天去卡拉OK，唱歌跑了调，真是掉底子。

2. 掉价、降低了身份；

如：他不跟我们一起玩，怕掉底子。

790. 掉得大

1. 遭受大损失；

如：把五十块钱当十块钱用出去了，真掉得大。

2. 上大当；

如：说是两日游，结果是一天旅游，一天买东西，掉得大。

791. 堆头

791～794
扫一扫，听听看

1. 体形；

如：他的堆头太大了，我推不动。

2. 体积；

如：“张太婆！ 您家买了好多菜啊，”

“看到堆头大，一摘就冒得几多了。”

3. 体量；

如：我们在小公司上班，哪能跟你比，你们公司几大的堆头呀！

792. 掀兜子

相关词语：抵老宝、锥泡泡、撅泡泡

比喻揭露内情，底细。

如：他这个人在一起聊天总喜欢掀别人的兜子，搞得大家不欢而散。

793. 掸水

把食物放到开水里稍微煮一下捞起来。

如：吃热干面要先掸水，再给芝麻酱拌佐料。

794. 教乖

1. 接受教训，变聪明了；

如：跟他在一起打交道，只能做对，不能做错，一点没做好，就埋怨人，我们都教乖了。

2. 使(人)聪明了,接受教训;

如:他教乖了我们。

795～799
扫一扫,听听看

795. 掐马骑猪

1. 盛气凌人;

如:你讲话总是掐马骑猪的,好像哪个差你什么似的。

2. 强加于人;

如:我又冒赚到钱,你为么事掐马骑猪非要我出赞助呢?

796. 掐倒搞

比喻依仗着自己很强势,逼迫别人去做的意思。

如:他这个人吃软不吃硬。你要他办事没问题,但掐倒搞是不行的,他不吃这一套。

797. 掇[①]颈子

指脖子很短。

如:这伢身材、长相都蛮好,就是个掇颈子,有点美中不足。

798. 接鸡下巴

指爱接别人的话茬。

如:小李蛮岔,别人说话,他总爱接鸡下巴。

799. 接条

指接受对方提出的要求和条件。

如:你冒得那个能力就莫随便接条,到时候办不成看你怎

① 掇,音夺。

么交代。

800. 拶(两巴掌)

相关词语：挎(两巴掌)、车(两巴掌)、呼(两巴掌)、扇(两巴掌)

指打(两耳光)。

如：监控视频里清清楚楚看到他把别人拶了两巴掌，这下跑不掉了。

801. 菜放现了

800～804
扫一扫，听听看

就是菜肴放久了，不新鲜的意思。

如：这个菜放现了，不好吃倒掉算了。

802. 菜蛮咸[1]

指做的菜太咸了。

如：今天炒菜，搞得菜蛮咸，都冒动么筷子。

803. 菊枪

指找女朋友。

如：搞得这么灵醒，肯定是出去菊枪的。

804. 梗朋友

指亲密无间的朋友。

如：老张是我的梗朋友，你有事找他没问题。

---

① 咸，音含。

805. 梭门

沿着固定轨道来回移动的门。

如:动车上的梭门都是电动的。

806. 救火龙

指消防车。

如:小时候住的是木板子房,听到救火龙叫心里就慌,怕失火了。

807. 堂

指人。

如:今天来了几管(个)堂啊?

805～809
扫一扫,听听看

808. 眼出去

指晾出去。

如:今天太阳蛮好,把被窝(被子)眼出去晒一下。

809. 眼泪巴沙

比喻泪水满面的意思。

如:看他伤心的样子,把我也搞得眼泪巴沙的。

810. 啪了

1. 爆破了；

如：你又把气球吹啪了，莫死吹吵！

2. 露馅了；

如：伙计！你这回吹牛吹啪了吧。

810～813
扫一扫，听听看

811. 啄麦子

啄：丑、难看。啄麦子表示长相很丑。

如：像他那样个啄麦子还想谈（女）朋友，鬼都瞧不起他。

812. 唯愿

相关词语：惟愿

指希望，但愿的意思。

如：唯愿你的生活越来越幸福。

813. 唾气

1.（穿着）不整洁；

如：小刘穿的袄子像油抹布，看到唾气死了的。

2.(举止)猥琐;

如:看他那个唾气样子,令人心烦。

814. 斩板子

比喻崭新的,刚开包装的。

如:过年了,我换的全部都是斩板子钱,好给孩子们发压岁钱。

814~815
扫一扫,听听看

815. 崩子床

指棕床。

如:你睡的是席梦思,我还是喜欢睡崩子床。

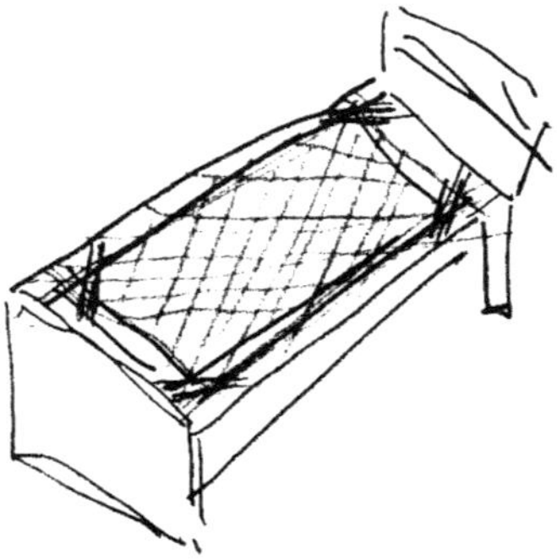

816. 赊了一点缝

赊：露出。赊了一点缝就是露出一点缝。

如：他把门赊了一点缝，偷偷地看外面有没有动静。

817. 赊倒急着

赊：延期支付、借。赊倒急着比喻杞人忧天，自寻烦恼的意思。

如：你眼前的事都没办好，还考虑后面的事，真是赊倒急着。

816～820
扫一扫，听听看

818. 铫子

相关词语：吊子

指沙罐子。

如：武汉人用铫子煨的藕汤全国闻名，特别好喝。

819. 甜敏了

比喻很甜的意思。

如：刚买的砂糖橘子，你尝哈，甜敏了！

820. 笤帚

扫帚，清除垃圾、尘土用的工具。

如：你拿个笤帚把地扫一下。

821. 做古做怪

做出古怪的动作或表情，表示极不愿意的样子。

如：叫你跟他们一起去玩，你就是做古做怪不愿去，烦死人的。

822. 做声

指发声，说话。

如：开会他不做声，下来又提意见，到底是么回事啊？

823. 做劫数

指做冤家。

如：他们两个有矛盾，偏偏分到住一起做劫数。

821～826
扫一扫，听听看

824. 做事蛮毛

形容做事粗糙的意思。

如：我们公司不能要他，他做事蛮毛，老是出错。

825. 做秋梦

指胡思乱想，妄想。

如：小王整天做秋梦，正事不干，就指望着买彩票中大奖。

826. 做笼子

指做圈套、设置陷阱，骗人财物。

如：火车站附近总有人做笼子骗外地人，大家出差要小心。

827. 悠倒点

悠：动作轻微、缓慢。悠倒点比喻不要急躁，慢一点的意思。

如：年纪大了，做事悠倒点，莫累坏了身体。

828. 偏生

相关词语：偏斯

1. 故意唱反调；

如：你说的是对的又么样咧，我偏生不听。

2. 与预期的相反；

如：原指望(希望)他长大当个医生，哪晓得他偏生要去玩音乐，学唱歌。

829. 得罗屁股

指坐不住的人。

如：叫你做作业，你就是个得罗屁股，到处晃。

827～831
扫一扫，听听看

830. 得怪

比喻幸亏。

如：今天出门时得怪我带了伞，要不然会被突然下的暴雨淋得透湿。

831. 得喜

比喻幸好。

如：我得喜冒跟你们一起走，刚才领导来查岗，不然掉得大。

832. 盘姑娘伢

盘：相处，应付。盘姑娘伢形容和女孩子在一起相处。

如：浩浩的情商高啊，蛮会盘姑娘伢，两个人处得蛮好。

833. 盘胯子

指罗圈腿，两条腿向外弯曲。

如：花花小时候是个盘胯子，怎么长大后变直了。

834. 领子越了

领子：衣领。越了：皱了。领子越了就是衣服领口皱了的意思。

832～836
扫一扫，听听看

如：衣服没有熨好，领子越得黑死人的。

835. 脚苛起了印子

苛起了：勒出来了；印子：痕迹。脚苛起了印子就是脚被勒出了痕迹。

如：你把鞋带系太紧了，脚都苛起了印子。

836. 脚撇了

指脚踝崴了。

如：昨天打篮球不小心脚撇了，今天脚踝肿了不能走路。

837. 脱不了乎

摆脱不了干系。

如：这件事情搞砸了，你肯定脱不了乎。

838. 够吃

指需要吃很长的时间。

如：米买多了，得够吃，半年都可以不买米了。

839. 够洗

指需要很长的时间来洗。

如：一大堆衣服，得够洗。

837～841
扫一扫，听听看

840. 够冒

指需要很长时间才能完成。

如："你报告写完了吗？"

"还够冒，现在才起个头。"

841. 够挨

比喻会拖延很长的时间的意思。

如：我们先吃吧，不等她了。她得够挨，不晓得么时候才会来。

842. 够搞

相关词语：够以搞

指需要好长时间来做。

如：这个烂摊子一塌糊涂，要想整顿好，得够以搞。

843. 够档

相关词语：够味

指够意思，够朋友。

如：有事找他帮忙，他哏都冒打，真是蛮够档。

844. 猪连铁

猪脾脏。

如：猪连铁都是油，不好吃。

842～847
扫一扫，听听看

845. 猪神父

指猪头。

如：他们那一带的人比较喜欢用猪神父做食材，每年的需求量都蛮大。

846. 凑脚

指打牌（或其他群体性活动）差人，需要有人来参加。

如：他们打麻将三差一，你去凑个脚吧。

847. 麻了爪子

指慌了神，不知所措。

如：考试看到这么多题都不会做，真麻了爪子。

848. 麻木

1. 蹬三轮车的人；

如：麻木！过来，把我带到江汉路去。

2. 酒鬼；

如：他每天三餐酒，完全是个酒麻木。

848～849
扫一扫，听听看

849. 麻面无情

指丝毫不讲情面、义气。

如：他这个人翻起脸来麻面无情。

850. 麻了头

头皮发麻，比喻（事情）难办。

如：这件事弄得人麻了头。

851. 麻头怪脑

指长相怪模怪样，丑陋。

如：长得麻头怪脑的，还想追我，莫把我黑跶倒了。

852. 麻奋雨淋湿衣裳

麻奋雨指毛毛雨。

麻奋雨淋湿衣裳指小雨不停地下也可以淋湿衣服。

如：你出门还是把伞带倒，麻奋雨淋湿衣裳，外面看起来雨不大，衣服淋湿了，一下就感冒了。

853. 麻胡子

850～854
扫一扫，听听看

相关词语：妈胡子

1. 不整洁、脏；

如：脸上搞得黑死人的，像个麻胡子。

2. 拐骗小孩的坏人；

如：叫你的伢莫到处跑，小心外头（外面）有麻胡子，把他拐跑了。

854. 麻脑壳

指面额为拾元的人民币，也泛指钱。

如:过去当学徒时,一个月只能拿两张麻脑壳。

855. 麻蒙亮

比喻天刚亮,蒙蒙亮。

如:现在的学生伢天麻蒙亮都要起来背外语。

856. 麻腰

指围裙。

如:炒菜围个麻腰,怕把衣服搞拉瓜(脏)了。

855～861
扫一扫,听听看

857. 粘子拉呼

比喻黏黏糊糊的。

如:你吃的口香糖莫随便丢,以免搞得到处粘子拉呼的。

858. 烰炭

指木炭(燃烧木柴闭熄而成)。

如:天气冷了,搞点烰炭来烤火。

859. 清铺

指查询,质问。

如:你早点回去,晚上你老婆要清你的铺的。

860. 添一脚油

添一脚油就是加了一脚油,意思是多跑一段路程。

如:莫客气,我送你回去,就是多添一脚油吵。

861. 混点

指混时间,混日子。

如：走！我们找个位置混点去。

862. 涮口

862～865
扫一扫，听听看

比喻漱口的意思。

如：吃了饭了要涮个口，对牙齿好。

863. 淘神

指劳神费力。

如：这个伢调皮捣蛋真淘神，不好管。

864. 惊昂鬼叫

指大呼小叫，惊恐地喊叫。

如：你莫惊昂鬼叫的，一惊一乍，黑死人的。

865. 惯使了

相关词语：惯事、惯事了、惯似了

指娇惯纵容以致养成不良习惯。

如:男孩子小时候多让他吃点苦,莫惯使了,这样长大了才有出息。

866. 袱子

1. 毛巾;

如:我在洗头,帮我把袱子递一下。

866~870
扫一扫,听听看

2. 手袱子(手帕);

如:现在用手袱子的很少了,都被餐巾纸替代了。

867. 随口打哇哇

指信口开河,随便敷衍应付。

如:莫信他,他经常随口打哇哇,就冒看到他办成过么事。

868. 随么样

指不管怎么样。

如:“你今天想吃什么菜?”

“随么样都可以。”

869. 绳子赶细的断

比喻问题总是出在最弱的部位。

如:有些事情往往总是绳子赶细的断,怕什么就来什么。

870. 塔豆丝

指用黄豆或绿豆加大米磨成浆,在锅里摊成薄饼,然后起锅切成条状。

如:昨天到黄陂农家乐去玩,在那里学塔豆丝,好过瘾啊。

871. 搭毛

指剪短发,额头搭有刘海的女性。

如:她今天的发型很漂亮,几根搭毛蛮有味道。

872. 搭白

1. 搭腔、接着别人的话说;

如:别人说什么还冒搞清楚,就跟着乱搭白。

2. 交谈;

如:他不喜欢跟人搭白。

3. 承诺;

如:等下小刘说话你莫搭白啊,他想找人帮忙去扯皮打架的。

871～873
扫一扫,听听看

873. 搭白算数

指说话算数,守信用。

如:武汉人讲究搭白算数,就是说话讲信用。

874. 搭头

指原计划以外的内容。

如：买壶油搞个搭头，送了一瓶醋。

875. 搭香边

相关词语：搭镶边

指沾光、分享，靠别人得方便、好处。

如：跟他一起出差到阳澄湖，搭香边带了五斤海子（螃蟹）回来了。

876. 越胯

指不讲究。

如：你穿的衣服皱巴巴的，几越胯勒。

874～879
扫一扫，听听看

877. 喜头鱼

指鲫鱼。

如：今天收获不大，玩了一天就钓了几条喜头鱼。

878. 揣麦子

指很懦弱的样子，被人欺负。

如：小明缺少父爱，总被别个欺负，是个揣麦子。

879. 揪

1. 用手拧、扭；

如：小宝贝，我给你买棒棒糖吃，再不揪你了。

2. 量词；

如：路边有一揪乱草。

880. 揪一坨

比喻拧下一小块(下来)的意思。

如：把你买的发糕揪一坨我尝一下，看好不好吃。

881. 揞[1]倒

880～883
扫一扫，听听看

相关词语：按倒

1. 适度、控制；

如：今天来吃饭的人不多，要揞倒点买菜，莫买多了，以免浪费。

2. 节制、收敛；

如：你们再不揞倒点，会引起投诉的。

3. 利用时机；

如：他揞倒了一个机会，终于把事情办成了。

882. 搿[2]人

指“打”人。

如：你怎么这不讲道理呢？动不动就要搿人。

883. 搿[3]倒一点

指省着一点的意思。

如：那个东西带来的不多，你搿倒一点用，否则一下就

---

① 揞，音俺。

② 搿，音客。

③ 搿，音可。

没了。

884. 搓反索子

指唱反调,采取相反的行动。

如:我就是要跟你搓反索子,让你心里烦。

884～886
扫一扫,听听看

885. 靸[①]倒个鞋子

1. 把鞋子后帮踩在脚后跟下面;

如:开这重要的会,你衣冠不整、还靸倒个鞋子,不像话。

2. 穿(拖鞋);

如:他靸倒个拖鞋到处跑。

886. 董

1. 把拖把的头部在水中上下清洗;

① 靸,音萨。

如：拖地的时候，先要把洗把在水里董几下，搞干净。

2. 用手打击；

如：他吵架吵不赢我，毛了，上来就董了我几拳。

887. 蒂把

887～891
扫一扫，听听看

相关词语：兜子

指瓜果、青菜的根部。

如：吃青菜时要洗干净，蒂把那块最拉瓜（脏）。

888. 落了

指后来，结果。

如：这么多年来，你为这个项目付出这么多，原以为会有个好结果，落了还是没搞成。

889. 棉条

指老实，顺从。

如：毛毛晓得自己错了，变棉条了。

890. 棉花系

指棉絮。

如：你袄子挂破了，棉花系都露出来了。

891. 酥饺

一种早餐食物：糯米浆搓成短棍状下锅油炸，吃时用灿粉裹一下。

如：今天过早，换了个口味，酥饺配蛋酒，蛮过瘾。

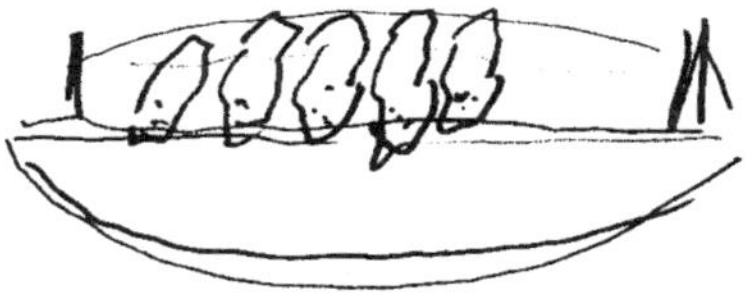

892. 硬侉

相关词语：硬足、硬肘

1. 健康、硬朗；

如：老爷子今年 70 岁了，还蛮硬侉，爬山气都不喘。

2. 坚强、刚强；

如：他穷得硬侉，从不叫苦。

3. 可靠、稳定；

如：办大事要找几个硬侉人合作。

4. 殷实、富裕；

如：他家里底子硬侉得很，这点投资不算什么。

892～895
扫一扫，听听看

893. 硬戗的

指坚硬，挺直。

如：今天的饭硬戗的，像子弹，吞不进去。

894. 硬脚

比喻在某一方面技艺超群的人。

如：他做事是个硬脚，让人放心。

895. 硬堂

指硬汉子。

如：强强是个硬堂，别人受了欺负，他总爱出来打抱不平。

896. 猋[①]

1. 走得极快；

如：他一下就猋不见了。

2. 短暂地喷射；

如：救火龙（消防车）的水龙头猋得好高啊，连三层楼都打得上去。

897. 翘气

896～899
扫一扫，听听看

相关词语：翘气包、翘气古怪

指（因喜欢计较或要小性子而）生气。

如：你怎么总在翘气咧，像个姑娘伢样。

898. 翘盘子

因讲条件或摆架子不答应做某事。

如：不是我翘盘子，我实在帮不了你这个忙。

899. 敞气

1. 气体泄漏了；

如：蒸饭莫揭盖子，不然敞气了。

2. 通气，透气；

如：屋里蛮闷人，把门打开敞个气。

① 猋，读彪。

900. 掌告

指挥、领导偷钱包的坏头子。

如:他是个掌告,手上有七八个告板,后来被警察抓走了。

901. 掌作的

形容当家的或带头人的意思。

如:他是我们班子里面掌作的,我们听他的。

902. 喷涎

900～903
扫一扫,听听看

1. 吐飞沫;

如:你莫激动,说话喷涎,喷得我一脸的。

2. 鄙视、斥责;

如:你这样做别人要喷涎的。

903. 跍[1]倒屙尿

跍倒:蹲着。跍倒屙尿就是蹲着拉尿。

如:童童,跍倒屙尿啊,莫把裤子打湿了。

① 跍,音哭。

904. 跕[1]麻了

跕:蹲着;麻了:麻木了。跕麻了表示脚蹲麻木了。

如:今天干活,蹲的时间太长,脚都跕麻了。

905. 跑高了

指找遍了所有地方。

如:你叫我去买的这个东西,武汉市我跑高了,都冒得。

906. 喝马了

指喝醉了。

如:昨天陪客人吃饭喝马了,今天早晨头还是疼的。

907. 喉包

指喉结。

如:小男孩长大了喉包才明显。

904～910
扫一扫,听听看

908. 喉咙叶了

指喉咙沙哑了。

如:王老师太辛苦了,讲了整整一天课,喉咙都讲叶了。

909. 喉咙管里伸出手来了

指抢占欲极强,不管不顾地捞。

如:有的人为了得到自己想要的私利,不讲形象,恨不得喉咙管里伸出手来了。

910. 喉实碗饱

相关词语:喉实饱王

形容吃得饱极了。

如：下午吃饭吃得喉实碗饱的，晚上不想宵夜了。

911. 黑不溜秋

形容（皮肤）非常黑。

如：长得像煤球一样，黑不溜秋的。

912. 黑曲马曲

911～916
扫一扫，听听看

相关词语：黑咕隆咚

指（四周）漆黑一团。

如：停电了，到处都是黑曲马曲的。

913. 黑肚子

形容没有文化的成年人。

如：这里大部分老百姓都是黑肚子，所以大家组织搞了一次大规模的扫盲活动。

914. 黑得屁筛的

比喻非常紧张，吓得发抖的意思。

如：还冒上考场，你黑得屁筛的，你这个驾照难得考过。

915. 黑汗水流

指干脏活或酷热时不停流汗的样子。

如：今天累得我黑汗水流。

916. 解手

解大手：大便；解小手：小便。

如:师傅,请在前面找个地方停一下,我要解手了。

917. 铺天罩

指用声势或某种过失来压制和咋呼对方。

如:你一进门就搞铺天罩,吓哪个吵。

918. 销差

相关词语:消灾

指交差,问题解决了。

如:天天闹倒要我带他去旅游,我又冒得时间,算了给几个钱销差,让他自己去安排。

919. 掰

917～922
扫一扫,听听看

相关词语:歪掰

指摆弄,折腾。

如:好好的东西你莫掰垮了。

920. 筑

指强行往里面塞。

如:车的后备厢装不下了,都筑得满满的。

921. 筑子

相关词语:久子

指塞子。

如:把筑子筑紧,莫让酒敞了气。

922. 筑坨子

相关词语:塞坨子

1. 指私下的送财物；

如：那个贪官办事总想要别人筑坨子，现在果然被抓了。

2. 用拳头打人；

如：你为人太不地道，如果不讲情面，我肯定要筑你一坨子。

923. 筋纠了

指肌腱被拉伤了。

如：早上起来打个喷嚏，结果把筋搞纠了。

924. 装大哥大

指自大，充老大。

如：他总想出头装大哥大，要别个都听他的。

923～928
扫一扫，听听看

925. 装姐

形容做作，摆样子，扭捏的意思。

如：叫你上桌子吃饭，你还装姐。么样啊，不好意思？

926. 装佯

指假装，弄虚作假。

如：明明你晓得这件事，还装佯说不晓得。

927. 装赖

指故意示弱，假装没有相关能力的样子。

如：他总是在关键的时候就装赖，逃避责任。

928. 装精

指装聪明，自以为是。

如：他这个人最喜欢装精，别人都看不惯。

929. 蛮扎实

1. 很有能力；

如：小杨做事蛮扎实，我看这件事可以交给他去做。

2. 身体很健康；

如：爹爹！您家 70 岁了还能登山，身体蛮扎实咧。

930. 蛮半天

很长的时间。

如：他每次出门都磨磨蹭蹭搞蛮半天，我们都得耐着性子等。

931. 蛮屌

很散漫，不严肃。

如：他在篮球队里蛮屌，被球队开除了。

929～934
扫一扫，听听看

932. 蛮合宜

指人与人之间的关系特别好。

如：她和我从小到大都是蛮合宜的朋友。

933. 蛮在点

指恰如其分。

如：你刚才批评他，说得蛮在点，所以他接受了。

934. 蛮杠

指非常有能耐。

如:你还蛮杠咧,这件事我们都冒搞定,你一出面就搞定了。

935. 蛮怀

935～939
扫一扫,听听看

相关词语:槐、怀货、槐货

1. 指没有能耐;

如:你蛮怀,什么都比不赢。

2. 质量差、档次低;

如:这个牌子的手机蛮怀,不好用。

936. 蛮邹人

指很尴尬,不自然的意思。

如:这件衣服太花哨了,今天的场合穿着蛮邹人。

937. 蛮利巴

1. 利索;

如:这个事你就交给小刘去办吧,他做事蛮利巴的,令人放心。

2. 狠、厉害;

如:他老婆蛮利巴,我们不敢叫他出来打牌。

938. 蛮岔样

指变样了,歪曲了原来的意思。

如:伙计,这件事你办得蛮岔样,我还真不好跟领导交代。

939. 蛮码

指很随意,胡来。

如:小李做事蛮码,不计后果,谁跟他打交道都会吃亏。

940. 蛮亮

指做人做事大气,有担当。

如:电视剧《亮剑》中的李云龙,就是一个蛮亮的人。

941. 蛮哨

指(眼睛)蛮尖。

如:他眼睛蛮哨,到机场去接我的时候,我冒看到他,他一下就看到了我。

942. 蛮样人

很腻人。

如:这肉太肥了,吃倒蛮样人。

940～944
扫一扫,听听看

943. 蛮啰连

相关词语:蛮滴咄

指很啰嗦,言语繁复。

如:好了,你不要紧说了,蛮啰连的。

944. 蛮闪

1 闪亮;

如:小花,你今天的打扮真潮,看到蛮闪咧。

2. 很棒;

如:这么难的事你都搞定了,小杨你真闪。

3. 狂妄、炫耀;

如:你赚了两个钱莫闪,小心闪断了胯子。

945. 蛮喳得

比喻很吵闹,显得无修养。

如:有些人在公众场合说话蛮喳得,不招人喜欢。

946. 蛮擂实

945~950
扫一扫,听听看

相关词语:蛮擂坠

指很厉害,很过硬。

如:他蛮擂实啊,一餐可以吃三大碗米饭,饭量真大。

947. 蛮摸得

指很磨蹭。

如:你最好提前跟他打招呼,他做事蛮摸得,免得赶慌。

948. 就味

指讲义气,给面子。

如:我找他帮忙办点事,他蛮就味,二话不说就答应了。

949. 就倒

1. 紧接着;

如:隔壁老王买了一条鱼,好新鲜,我就倒去了那个摊子上,也买了一条鱼。

2. 顺便;

如:你去过早,就倒跟我带碗热干面回来。

950. 痨病壳子

原意是指患有肺结核的病人。现泛指身体虚弱,经常生病的人。

如：我从小身体不好，瘦得要命，别人叫我痨病壳子。

951. 痞里痞气

指不正经，吊儿郎当的样子。

如：这家伙看上去痞里痞气的，不适合在我们这里工作。

952. 敨[①]

相关词语：敨水

1. 把包着或卷着的东西打开；

如：把他的包裹敨开，看里面包的么东西啊。

951～953
扫一扫，听听看

2. 抖动；

如：被单上有灰，把它敨干净。

3. 卖掉；

如：这么多的货你两天都敨出去了，真能。

4. 漂洗；

如：把衣服再去敨一遍。

953. 敨泰

1. 呼吸顺畅；

如：房里闷人，出来敨泰多了。

2. 宽敞；

如：80 平方米的大客厅，敨泰。

---

① 敨，音近似于读投。

954. 割了

意思为被人算计了，被割了一刀。

如：今天去买衣服被割了，多付了一些冤枉钱。

955. 道恨

比喻技能，本领。

如：你有几大的道恨都可以抖出来，让我们见识、见识。

956. 燚[①]一层土

1. 撒；

如：地上有点打滑，要燚一层土在高头（上面）。

2. 铺、垫；

如：地上是湿的，燚点沙。

954～958
扫一扫，听听看

957. 渴篓

指渴望，瘾犯了。

如：他们玩了一通宵，可能是因为前段时间工作太忙管住了，好长时间没有玩了，渴倒篓在，巴本（趁机过把瘾）。

958. 洱[②]一口

指浅浅的尝一口。

如：茅台酒真香，我还想洱一口。

---

① 燚，音燕。

② 洱，音咪。

959. 慌忙火急

指急急火火的，很慌张。

如：早上早点起床，不要每天上班都搞得慌忙火急的。

960. 强偷

指小偷。

如：我屋里昨天晚上进了强偷，把我的电脑偷走了。

961. 搣①

指用手拔，掰的意思。

如：他的劲真大，一下就把铅笔搣断了。

959～963

扫一扫，听听看

962. 摸秋

指盲目探索。

如：你要告诉我具体地方，不然我到哪里去摸秋啊。

963. 摁人

1. 身体接触着凸起来的某东西觉得不舒服；

① 搣，音近似于读灭。

如:席梦思的垫子破了,弹簧露出来了,睡倒好摁人。

2. 用硬东西垫在底下;

如:把木头摁倒底下你再锤。

964～966
扫一扫,听听看

964. 鼓子

相关词语:钢总鼓子、钢总锅、钢精锅

指铝锅。

如:过年了,我们家里都要用鼓子蒸饭、蒸糯米圆子。

965. 鼓潮子

相关词语:估潮子、拱潮子

夸大了的估计(有造谣,起哄的意思)。

如:要不是他在背后鼓潮子,这件事我们肯定搞成了。

966. 搬家家

相关词语:搬九九

小孩玩的游戏。

如:小伢们最喜欢玩的游戏就是搬家家。

967. 摇了

指不欠了，两不找。

如：上次活动差你 5 元钱，这次还你 5 元钱，摇了。

968. 搊[①]

扶起来。

如：把倒下的板凳搊起来。

如：搊他坐起来，好喂药给他喝。

967～970
扫一扫，听听看

969. 搞么事

指做什么。

如：打电话你也不接，在搞么事啊？

970. 搞么麻沙

比喻搞的什么名堂，含有贬义。

① 搊，音抽。

如："他们两人在那里鬼鬼祟祟地搞么麻沙？"

"不晓得，反正不是好事"。

971. 搞巧

形容含沙射影，指桑骂槐地损人。

如：她说话总是搞巧，以为别人听不懂，大家只是懒得理她。

972. 搞拐了

相关词语：搞奢了、搞岔了、搞糟了、搞西皮了

指弄糟了，不好了。

如：搞拐了！饭弄糊了。

971～975
扫一扫，听听看

973. 摛[1]手动脚

指动手动脚，打人、打架。

如：有话好好说，莫摛手动脚的。

974. 搲[2]水

搲水：舀水。

如：请再给我搲瓢水来。

975. 搌[3]

1.（用松软干燥的东西）轻轻擦抹或按住；

---

① 摛，音吃。

② 搲，音瓦。

③ 搌，音暂。

如：下雨把书淋湿了，快回去把它搌干。

2. 塞进；

如：把被卧(被子)搌好，当心受凉。

3. 蹭，慢慢挪动；

如：一步一步往前搌。

976～980
扫一扫，听听看

976. 勤倒人闹

相关词语：寻倒人闹

指纠缠着人不停地闹。

如：他不依不饶，勤倒人闹，烦死人的。

977. 蒿老

指能干，贪心。

如：小明的老婆蛮蒿老，随么事都往屋里哈(捞)。

978. 蓑衣圆子

指珍珠圆子，一种外面裹着糯米粒的肉丸子。

如：小伢都蛮喜欢吃蓑衣圆子。

979. 蓄得心里

蓄：藏着、记着。蓄得心里指藏在心里，记在心里。

如：你们平时不经意冒出一句武汉方言，我都蓄得心里在，现在把它整理出来，供大家欣赏。

980. 蓄条子

蓄：控制、保持，条子：身材。蓄条子形容保持身材的意思。

如：为了蓄条子，她每天晚餐不吃主食，只吃点青菜。

981. 蒙倒

指（用手或物）覆盖着。

如：他能说会道的，蒙倒半边嘴巴我们都说不赢他。

982. 想转了

981～986
扫一扫，听听看

比喻想过来了，想通了。

如：哎哟！想转了，再不跟他来往了。

983. 赖痞

指耍无赖。

如：欠钱不还，还找一大堆理由，完全是个赖痞。

984. 碰着了

（把火）点燃了。

如：他不小心把烟屁股头丢到字纸篓里，结果给碰着了，差点失了火。

985. 瞄一下

瞄：注意地看。

如：你那个方案写好了冒？给我瞄一下。

986. 睡倒不烧，爬起来烧

指自找麻烦。

如：这件事与你不相干，你掺和进去干吗，真是睡倒不烧，爬起来烧。

987. 暖和

1. 气候、环境不冷不热；

如：冬天太冷了，到了春天就暖和了。

2. 指(口袋)有钱；

如：你这些时荷包蛮暖和咧，大包小包往家里买。

988. 照板

相关词语：照刷子

指回应，理会。

如：小美想买个新娃娃，她妈妈完全不照板。

987～990
扫一扫，听听看

989. 跶[1]

1. 摔(落)；

如：我的手机掉到地上跶坏了。

2. 跌(跤)；

如：自己跶倒自己爬起来。

3. 跺(脚)；

如：这个小孩喜欢用乱跶乱板的方式向父母亲示威，从而达到买东西的目的。

990. 跶[1]脚板手

比喻手脚乱动，撒泼打滚。

---

[1] 跶，音达。

如：稍不如意她就跶脚板手的。

991. 跐[1]跶倒了

跐：脚下滑动；跶倒：摔倒。跐跶倒了是指滑摔倒了。

如：路上结冰了，你出去注意点，小心跐跶倒了啊。

992. 跳八关

儿童游戏：一个人弯着腰，另一个从他背上跳跃过去。

如：小时候我们经常玩跳八关，这是我们儿时的游戏。

991～993
扫一扫，听听看

993. 跳欢

洋洋得意，高兴过头了，带有讽刺意味。

如：老邢以为买彩票中了奖，在那里跳欢，结果老婆一看是假的。

---

① 跐，音近似于读次。

994. 跳两个钱

指借几个钱用。

如:我身上冒得钱,你去找他们跳两个钱吧。

995. 跪搓板

膝盖跪在洗衣板上,多半用于家庭内的体罚行为。

如:今天喝酒喝高了,回去老婆又要罚我跪搓板的。

996. 路子野

1. 指办法比较多,门路很广;

如:这件事不好办,小刘路子野,让他去办吧。

2. 不按套路出牌;

如:他办事路子野,我们看不懂。

997. 路不平,旁人踩

比喻对不公平的事,有人出面打抱不平。

如:今天的事,虽然和我没关系,但是路不平,旁人踩,我管定了。

998. 跟我遣

相关词语:遣远些

1. 赶走,撵走,离我远一点;

如:我和他之间的事,不与你相干,跟我遣!

2. 比较厌烦,滚开;

如:遣远些!遣远些!看到你就烦!

994～998
扫一扫,听听看

999. 嗵人

指骂人。

如：你再这样害人啊，别个（人）要嗵人的。

1000. 错牙齿

指磨牙，熟睡时上下牙齿相磨发声。

如：他睡觉爱错牙齿。

999～1002
扫一扫，听听看

1001. 锯[①]胡琴

指拉二胡。

如：老黄锯胡琴有二三十年的历史了，水平还是蛮高的。

1002. 锯[①] 直板子

形容实话实说，不转弯抹角。

如：武汉人性格豪爽，说话喜欢锯直板子。

---

① 锯，音个。

1003. 篼子

指球拍子。

如：老陈的网球篼子质量很好。

1003～1006
扫一扫，听听看

1004. 筲箕

指竹编的盛器，可以渗水。

如：拿个筲箕来，把洗的菜装倒。

如：玲玲！用筲箕把饭沥哈子，沥下来的米汤我要喝。

1005. 舅辫子

指内弟。

如：我舅辫子蛮舍得，今年来拜年，搞了一箱茅台酒，正宗的。

1006. 躲猫

比喻捉迷藏。

如:我们小时候经常玩躲猫的游戏,一疯一上午就过去了。

1007. 腰子

指动物肾脏。

如:武汉人喜欢把羊腰子做烧烤吃,很爽口。

1008. 腰子角[①]里

相关词语:腰子角、么子角、腰子角落、腰子角拉

1. 隐蔽的角落里;

如:别人都在外面玩,你一个人躲在腰子角里搞么事啊!

2. 僻静的地方;

如:腰子角、稳夺夺。

1007～1011
扫一扫,听听看

1009. 煞黑

指傍晚。

如:鬼伢,又到哪里去玩了,天煞黑了还没回来。

1010. 新样菜

新品种,时令菜。

如:老板,今天有么新样菜,给我们推荐一下。

1011. 煨到家里

相关词语:葵到屋里

煨,葵:长期待在一个地方。煨到家里是指长期待在

---

① 角,音近似于读郭。

家里。

如:今年天气太冷了,大家都只能煨到家里,不敢出门。

如:今天天气好,莫蔡到屋里,出去晒晒太阳多好啊!

1012. 煅油

指炼油。

如:今天我买了几斤大膘肉,回去肥的煅油,瘦的打汤。

1013. 熘[1]人

熘:烟熏之意。熘人是指人被烟子熏得不舒服。

如:您家生炉子拿到外面去,烟子熘死人的。

1014. 满处

比喻到处。

如:疫情期间莫满处岔,小心感染。

1012～1016
扫一扫,听听看

1015. 滗[2]干了

滗:挡住渣滓或泡着的东西,将液体轻轻倒出。

如:壶里的茶水滗干了。

1016. 溜耍

1. 利索;

如:小杨做事真溜耍,请他安装电灯开关,他一根烟的时间就做完了。

---

[1] 熘,音秋。

[2] 滗,音逼。

2. 流利；

如：他讲英语好溜耍啊！

3. 敏捷；

如：小刘爬山好溜耍，一口气就登上山顶了。

1017. 滚子

1017～1020
扫一扫，听听看

相关词语：滚跦

指车轮子。

如：这个拖车的滚子坏了，有时间拿去修一下。

1018. 滚滚跦

指滚铁环。

如：小时候我们玩滚滚跦，玩得蛮大的劲。

1019. 慎倒

指谨慎，不敢放开。

如：下雪了，道路湿滑，你走路慎倒点。

1020. 窦里

指里面。

如："童童跑哪里去了？"

"在房窦里翘气啊！"

1021～1024
扫一扫，听听看

1021. 缠不得

指不可交往。

如：他这个人只能占便宜，吃不得一点亏，缠不得。

1022. 撇了

指(被)抓了。

如：他见义勇为，配合警察同志将坏人撇了。

1023. 撇手劲

指掰手腕。

如：他弱不禁风，撇手劲都撇不赢那个女将。

1024. 撇脱

1. 简单、方便；

如：我现在一个人，到哪里去都很撇脱。

2. 干脆、爽快、洒脱；

如：她是个撇脱的人，不喜欢婆婆妈妈的。

1025. 擞斯寡淡

指淡而无味。

如：今天的菜擞斯寡淡，没有人吃。

1026. 擞擞

形容很瘦，单薄的意思。

如：他屋里蛮遭孽，总是吃不饱，长得像个擞擞。

1027. 嘎式

相关词语：架式

指开始。

如：饭菜都准备好了，一备起：嘎式！

1028. 嚎丧

1. 举哀，旧时丧礼用语，指高声嚎哭；

如：他家里有人去世了，在嚎丧。

2. 骂人的话（对正在哭或唱歌的人）；

如：你莫在那里嚎丧。

1025～1029
扫一扫，听听看

1029. 瞅[①]眼头

相关词语：瞅粉头

指寻机会，钻空子。

如：外孙过生日去商场买衣服，老婆瞅眼头挑了一件风衣，我只好一起把单买了。

---

① 瞅，音丑。

1030. 舞媒子

形容舞迷。

如：珊珊是个舞媒子，晚饭一吃就出门跳舞去了。

1031. 箍[1]倒走

箍倒：抱着，挽着。箍倒走就是手挽着手走。

如：这对老夫妻好亲热，走路都是箍倒走。

1032. 鼻子筑了

指鼻子不通气。

如：这两天感冒了，鼻子筑了不舒服。

1030～1035
扫一扫，听听看

1033. 鼻涕拉沙

指不停地流鼻涕。

如：感冒了，一大早就鼻涕拉沙的。

1034. 鼻洟虫

指总是流鼻涕的人。

如：莫跟他玩，这伢是个鼻洟虫，拉瓜（脏）死的。

1035. 膀腥

膀：发出（气味、味道）。膀腥是指散发出像鱼、海鲜等产品的腥味。

如：这鱼没有烧好，味道膀腥，不好吃。

---

① 箍，音枯。

1036. 裹人

相关词语：裹精、蛮裹人

指纠缠不清，纠结。

如：你穿个衣服几裹人嘞，搞半天还冒搞好。

1037. 裹不清白

比喻理不顺，弄不明白。

如：他们的关系蛮复杂，哪个都裹不清白。

1038. 敲死

指找死（咒骂语）。

如：你不会游泳跑到河边去玩么事啊，敲死！明天不准去了。

1036～1040
扫一扫，听听看

1039. 敲贱

指自己作践自己。

如：叫你下雨天就待在家里，你非要出门，结果摔伤了，是不是敲贱咧。

1040. 敲班子

1. 配搭档；

如：征求一下你的意见，老刘跟你敲班子当书记，你看么样？

2. 组合在一起；

如：春天来了，我们几个人敲班子出去旅游咧。

1041. 遮风

指放哨。

如：两个强偷在偷东西，一个遮风、一个翻墙进院，结果还是都被捉了。

1042. 康[①]

比喻把锅盖盖着的意思。

如：煮稀饭盖子不能康紧了，不然就潽(溢出)了。

1041～1043
扫一扫，听听看

1043. 遭孽

1. 穷困；

如：小时候屋里(家里)蛮遭孽，等到过年才有新衣服穿。

2. 可怜；

如：童童！妈妈不管你了，好遭孽啊！

---

① 康，音近似于读扛。

1044. 辣呵了

形容很辣的滋味。

如:这个火锅辣呵了。

1045. 瘦

1. 脂肪少、肉少;

如:可能是平时喂的饲料不够,鸡子长得太瘦了。

2.(地)薄;

如:这块田好瘦。

3.(衣服)窄小;

如:裤脚瘦了,我穿不进去。

4. 数量太少,不起眼;

如:送给你的生日礼物,瘦得很,不用谢。

1044～1048
扫一扫,听听看

1046. 精怪

指精灵古怪,精明。

如:这伢随么事都懂,一看就是个精怪。

1047. 漆黑

形容伸手不见五指。

如:昨晚又停电了,整个屋里漆黑。

1048. 漉[①]起来

指从水里或其他液体里捞起来。

---

① 漉,音楼。

如:你把锅里卤的牛肉漉起来,再卤就烂了。

1049. 滴滴答

指吹牛皮。

如:你莫听他滴滴答,他根本都搞不定这件事。

1050. 慢暂

指到时,届时。

如:早上10点钟出发,慢暂叫我一下,我现在手里有事。

1051. 慢慢地库

1. 慢慢炖入味;

如:千煮豆腐万煮鱼,让它慢慢地库!

2. 自言自语;

如:你一个人在那里库么事啊?

3. 唠叨;

如:为一点小事紧库,真烦心。

1049～1053
扫一扫,听听看

1052. 撵货

比喻别人买了一批货,我也赶紧去买相同的货的意思。

如:过去汉正街的老板做生意爱比倒做,哪个屋里货卖得好,就赶紧去撵货。

1053. 撵兔子

指搞短期营运的人,没有固定的职业。

如:下岗了,只有在外面撵兔子搞点收入,混点生活费。

1054. 撵起走

赶出去,驱逐出去。

如:把他撵起走,一天到黑在屋里好吃懒做。

1055. 撅

指(用针)刺。

如:你如果在外面再好吃,我拿个针撅嘴巴的!

1056. 撒一圈

指给在场的每一个人递上一根烟。

如:小张蛮讲胃口,每次吃饭都主动撒一圈烟。

1057. 撩撇

相关词语:撇脱

1. 简单、省事;

1054~1058
扫一扫,听听看

如:放心吧,这事交给我,我去找他撩撇得很。

2. 干脆、爽快;

如:说话撩撇点,莫支支吾吾地。

1058. 撑倒

1. 吃得过饱;

如:今天吃撑倒了,都想吐。

2. 勉为其难;

如:天气不好对生意冲击较大,但有些公司还是要撑倒,搞大折扣的优惠活动。

1059. 撮白党

撮白:扯谎、说话不算数。

如:你一天到晚在哄人,找不倒(不知道)哪句话是真的,像个撮白党。

1060. 撮拐

指背后说别人坏话,有时是挑拨。

如:我这个同学不地道,总是到老师那里撮我的拐。

1061. 撮是撩非

指挑拨是非。

如:这个人喜欢撮是撩非,大家都不跟他玩。

1059～1064
扫一扫,听听看

1062. 撮短水

相关词语:撮虾子

指打短工。

如:下了班去撮短水,到吉庆街挖地脑壳(摆地摊)赚几个钱。

1063. 撞猴子

即碰瓷,骗取别人的钱财。

如:你送人去火车站注意点啊,那里有撞猴子的。

1064. 斢[1]

1. 调换;

---

① 斢,音调。

如：你要铅笔？拿橡皮来𫏐吵。

2. 翻面；

如：你去把晒的被子𫏐个面。

1065. 槽头肉

指猪颈部位的肉。

如：做肉圆子可以用一点槽头肉。

1065～1067
扫一扫，听听看

1066. 横了

比喻横下一条心。

如：我这回横了，不管几难，一定要讨回公道。

1067. 敹[①]扣子

相关词语：敹衣服、敹卧单

敹：缝、缀，扣子：衣扣。敹扣子就是缝衣扣。

如："你在搞么事啊？"

① 敹，音料。

"我在敹(衣服)扣子。"

1068. 瞎岔

指乱管事。

如:这件事不归他管,他非要去瞎岔,又岔得不对。

1069. 瞎款

1068～1073
扫一扫,听听看

相关词语:鬼款、款鬼话

指胡说,乱说。

如:老张是一个正人君子,他是不会瞎款的。

1070. 瞎搞

指乱搞一通。

如:他对投资一窍不通,完全是拿钱去瞎搞。

1071. 睺倒

指期盼着,围着。

如:听说今天大减价,爹爹婆婆们一大早就在商店门口排队睺倒。

1072. 僵倒

指僵持着。

如:他们两个吵嘴了,还僵倒在,你去帮倒带个和。

1073. 德罗

形容嘚瑟,得意洋洋的样子。

如:他昨天买了一只股,今天开盘就涨停,德罗死了。

1074. 糊记

相关词语：糊记油

1. 懵懂、不谙世事；

如：我外孙今年 5 岁了，还分不清左和右，真是个小糊记。

2. 稀里糊涂、不明事理；

如：我是个糊记，买保险时都没问清楚。

1075. 糊堂

指糊涂的人。

如：他是个糊堂，自己的工资拿多少钱都搞不清楚。

1076. 糊巴乱𣪘[①]

食物在锅里烧糊了，程度严重。

如：你把饺子煎得糊巴乱𣪘的，哪个吃哟！

1077. 潲水

1. 淘米水；

如：这种啤酒一点都不好喝，像潲水。

2. 泔水；

如：把厨房的潲水拿去喂猪，猪长得才肥。

1074～1078
扫一扫，听听看

1078. 潽[②]

指液体沸腾溢出。

---

① 𣪘，音纠。

② 潽，音铺。

如：炉子忘了关火，牛奶煮潽了。

1079. 懂板

相关词语：懂味、暂局

1. 懂规矩、懂规则；

如：你要懂板啊！哪些话能说，哪些话不能说。

2. 够意思、够朋友；

如：小明蛮懂板，吃完饭抢着去买单。

1080. 憨了

指时间放长了，泡胀了，不成型、软塌塌的。

如：热干面放憨了就不好吃了。

1081. 熨斯熨帖

1. 有条有理的样子；

如：她的房间收拾得熨斯熨帖的。

2. 妥当、周到的样子；

如：他把客人招呼得熨斯熨帖的。

1079～1083
扫一扫，听听看

1082. 靛[①]笔

指钢笔，自来水笔。

如：我们过去都是用靛笔写字，现在都用中性笔了。

1083. 靛水

指钢笔用的墨水。

---

① 靛，音电。

如：派克笔要配派克笔的专用靛水。

1084. 擂肥

指勒索财物的行为。

如：书包里不要装钱啊，你们学校门口总有几个小混混在那里擂肥。

1085. 擂拱子

擂拱子是指：一只腿单立跳动，另一只腿将膝盖弯曲着、一只手握住脚踝或脚面、另一只手扶着大腿，然后两人用同样的姿势对撞的游戏。

如：真怀念儿时那么多小游戏，玩洋画，打珠子，擂拱子。

1086. 瓢更

指勺子。

如：冒得瓢更，这汤么样喝啊！

1084～1087
扫一扫，听听看

1087. 醒令

指解冻。

如：你把排骨拿去醒令，等一下做红烧排骨吃。

1088. 醒头

相关词语：醒坨

1. 不严肃的人（言语和行为不得体、不稳妥，略显笨拙）；

如：这个醒头瞎开玩笑。

2. 糊涂的人；

如：老张是个醒头，马马虎虎地过了一辈子。

1089. 醒倒媒

相关词语：醒里醒气

比喻厚着脸皮讨好对方，希望达到自己的目的。

如：你莫醒倒媒，这件事不归我管，我不能答应你。

1090. 霍人

指皮肤受到刺激，不舒服。

如：你们睡在稻草里面，几霍人嘞。

1088～1093
扫一扫，听听看

1091. 嘴人

指调侃，批评他人。

如：有话好好说，不要嘴人吵。

1092. 嘴劲

指耍嘴皮子的。

如：你就是个嘴劲，只说不做。

1093. 磨盘

指臀部。

如：最近活动少了，磨盘大得连裤子都穿不进去了。

1094. 懒豆虫

指懒虫。

如：太阳晒屁股了还不起床，真是个懒豆虫。

1095. 犟头捩[①]颈

倔头倔脑，形容说话，行动生硬的样子。

如：这伢犟头捩颈的，好说歹说就是听不进去。

1096. 犟倒吃下去了

指勉强吃下去了。

如：今天的菜不好吃，饭是犟倒吃下去了。

1094～1097
扫一扫，听听看

1097. 缴褊

指缲[②]衣服(裤子)的边边。

① 捩，音列。

② 缲，音敲。

如：刚买的新裤子，裤脚要缴褊才能穿。

1098. 擤[1]鼻子

指捏住鼻子，用气排出鼻涕。

如：你看你鼻涕都流出来了，还不快去擤鼻子。

1099. 檐[2]老鼠

1098～1102
扫一扫，听听看

指蝙蝠。

如：有一只檐老鼠飞进来了。

1100. 嬲[3]姑娘伢

嬲：戏弄、纠缠，姑娘伢：女孩子。嬲姑娘伢指戏弄、纠缠女孩子。

如：你莫在外头瞎嬲姑娘伢咧，惹人嫌。

1101. 蹋[4]你的代

指性格或长相像上一代的人。

如：你儿子长得真像你，伙计，蹋你的代，长得帅。

1102. 羁倒

指惦记着。

如：王大妈愁心蛮重，儿子出差去了，她老在家里羁倒他。

---

① 擤，音醒。
② 檐，音言。
③ 嬲，音撩。
④ 蹋，音塔。

1103. 羁心

比喻经心，留意的意思。

如：你做事要有羁心，不然总学不会。

1104. 糟痞

指故意贬损。

如：你莫糟痞他，其实他还是蛮有能耐的。

1105. 蹙[①]住了

指（思路）中断，想不起来了。

如：这个人我蛮熟的，但一下蹙住了，想不起他的名字了。

1106. 翻门槛[②]

1. 费周折；

如：这件事该你去翻门槛。

2. 到对方家里去打人；

如：翻门槛是违法的行为。

1103～1107
扫一扫，听听看

1107. 翻叉

指儿时的一种游戏，用细绳套在手指上变换花样，两人交替进行。

如：翻叉的游戏有好多花样，现在几乎失传了。

---

① 蹙，音促。

② 槛，音砍。

1108. 翻洋

指不服气，对着干。

如：老师批评你，你还想翻洋，回家去好好反省。

1109. 翻眼绿猴

指蛮横无理的样子

如：跟人说话态度要好一点，莫总是翻眼绿猴的。

1110. 翻跷

1. 指不安分、自找麻烦；

如：那么好的工作岗位你要辞职，是不是翻跷咧。

2. 通过言行对抗；

如：你这几天是个么回事啊，翻的么跷吵。

1108～1112
扫一扫，听听看

1111. 戳腐乳

1. 捣蛋、使坏；

如：这件事就这么定了啊，你再莫戳腐乳了。

2. 挑拨；

如：我们都不想跟小闵打交道，这个人蛮爱背后戳腐乳。

1112. 蹿[1]刀

骂人的话，指朝刀子上冲，乱冲乱撞。

如：你又到哪里去蹿刀吵，搞得黑汗水流的。

---

① 蹿，音参。

1113. 沾[1]火星

指波及，连累，造成意外伤害的意思。

如：年龄大了，不要随便看热闹，容易沾火星。

1114. 嚼

指唠叨。

如：做点事嚼死人的，算了，您家以后莫做。

1115. 嚼牙巴骨

1. 信口胡说；

如：一个大男人，总喜欢嚼牙巴骨，讨人嫌。

2. 搬弄是非；

如：你莫听他嚼牙巴骨，我没有说你么事。

1113～1117
扫一扫，听听看

1116. 攮子

相关词语：片子

指刀子。

如：小王被流氓捅了一攮子，现在还在医院里抢救。

1117. 齉[2]鼻子

1. 鼻子呼吸不通畅；

如：今天感冒，鼻子齉了，喘不过气来。

2. 说话带有很浓的鼻音；

---

① 沾，音沾。

② 齉，音弄。

如：他说话就是个齉鼻子。

1118. juá **雨**

淋雨的意思。

如：男同胞下雨天宁可 juá 雨，也不喜欢拿伞。

1119. 嘴一 piá

胡说的意思。

如：他嘴一 piá，说明天组织大家去旅游，莫听他的，这么忙哪能出去玩吵。

1120. piǎ **淡**

1. 没有味道；

如：老婆今天炒菜忘记了把盐，味道 piǎ 淡，不好吃。

2. 心里没数；

如：你心里 piǎ 淡吧，你跟老刘较劲，他是让着你在。

1121. tiǎ **倒**

1. 松软；

如：年纪大了，肌肉都松了，tiǎ 下来了。

2. 软绵绵；

如：人病了，身上没劲，浑身软 tiǎ 了。

3. 多余的、没用的；

如：在麻将桌上，老王说："哪个晓得你要呢，我还 tiǎ 倒这张牌在。"

1118～1121
扫一扫，听听看

1122. zéi

形容聪明，机灵。

如：这伢 zéi 得很，将来读书你莫担心。

1122～1123
扫一扫，听听看

1123. zéi **过心了**

指聪明过头了。

如：每次吃饭买单他都开溜，都说他 zéi 过心了，把别人当苕。

武汉俏皮话(歇后语)

1. 一个萝卜一个坑——事情总会有办法
2. 一天到黑穿裙子——完全冇得裆(档)
3. 一只筷子吃藕——专挑眼
4. 一两银子换九钱七——明掐三分
5. 一迫二诈三丢手——连迫(拍)带诈
6. 一根灯草点灯——冒得二芯(心)
7. 二两棉花四张弓——细弹(谈)
8. 二郎腿到位——翘倒
9. 十月的桑叶——无人采(睬)
10. 刀子切汤圆——不圆(愿)
11. 九月初八向重阳——不九(久)
12. 九头鸟戴帽子——这头戴、那头要
13. 三十斤的鱼,四十斤的泡——夸大其词
14. 三十斤的鳊鱼——侧看了(小看了)
15. 三个钱买个糖人——吃了冒得玩的,玩了冒得吃的
16. 三个钱买支蜡烛——独照(罩)
17. 三月里扇扇子——满面春风
18. 三把泪四把流—— 伤心不已

19. 大水冲了龙王庙——自家不认得自家人
20. 大肚子过独木桥——挺儿(而)走险
21. 大胡椒冒点水——干蒸(争)
22. 大炮对倒红薯地——轰(哄)苕
23. 大帽子压住了头——压力巨大
24. 口里含个哑铃——嘴劲
25. 上厕所不带纸——想不开
26. 山西的骡子——充马叫
27. 小鱼撵鸭子——不要命
28. 久打官司的——到衙(牙)门口跑了
29. 王八掷色子——好大的点子
30. 王母娘娘戴茉莉花——喜欢的就是这个调调
31. 天涩背稿荐——越背越重
32. 木兰山的菩萨——应远不应近
33. 木作坊里开张——做桌(作)
34. 太平洋的警察——管得宽
35. 太阳晒倒屁股了——日上三竿(还在睡觉)
36. 牙齿往外暴——专吃别人的
37. 日子时辰冒找到就投胎——行动盲目
38. 水里按葫芦——你起我落
39. 水缸里扳罾[①]——冤网(枉)

① 罾,音增。

40. 长褂冒绞编——坯子
41. 反贴门神——不对脸(与人闹别扭)
42. 乌龟吃了亮火虫——心里明白
43. 乌龟吃大麦——浪费粮食
44. 六个指甲抠痒——格外奉承
45. 火车不是推的——牛皮不是吹的
46. 火来了——门板都挡不住
47. 火烧乌龟——窦里疼
48. 打电筒进厕所——找屎(死)
49. 打到灯笼都找不倒的——难得的
50. 巧巧的姆妈生巧巧——太巧
51. 电灯铺搬家——运(润)泡子
52. 四六充虎头——假冒
53. 四官殿的东西——活的
54. 归元寺的罗汉——七倒八歪
55. 甲鱼唱歌——鳖声鳖调(别声别调)
56. 冬天的萝卜——冻(动)心了
57. 包公的儿——犟性
58. 头上长疮、脚底板流脓——坏透顶
59. 头发杪[①]子上吹叫具——有本领
60. 汉正街的房子——矮一大截

① 杪,音秒。

61. 汉阳门的车子——留倒
62. 扛倒冲担进四川——尖出了省
63. 老太婆打哈欠——一望无牙(崖)
64. 老太婆吃冰棒——够学
65. 老鼠进风箱——两头受气
66. 老鼠爬秤盘——自称自(自己夸自己)
67. 老鼠拖葫芦——大的在后头
68. 老鼠掉得面缸里——糊嘴(糊口)
69. 耳朵卖得烧腊馆里去了——不听话
70. 有理的菩萨供得他屋里在——强词夺理
71. 吃了炭元——黑了心肝
72. 吃了扁担——横了肠子
73. 吃了菠菜——绿了眼睛
74. 吃了甘蔗甩了皮——要里子又要面子
75. 吃肥肉呤天——说膘话(说大话)
76. 吃河里的水——不要井(紧)
77. 吃乌龟蘸酱油——龟(归)味
78. 吃得碗里赈倒锅里——不知足
79. 吃猪油穿缎子——两面光
80. 肉包子打狗子——有去无回
81. 合三的兄弟——合四(合适)
82. 关倒门作揖——自己恭喜自己
83. 许仕林的姆妈——蛇人(折人)

84. 阳逻的高跷——半截不是人
85. 阴沟堵了——欠通（嗵）
86. 买干鱼放生——不知死活
87. 红薯丢进麻袋里——装苕
88. 红薯眨眼睛——活苕
89. 红薯做麻将放冲——苕听了头
90. 红薯断了根——苕脱了节
91. 坛子里养乌龟——越养越缩
92. 坛子里捉乌龟——十拿九严
93. 芦席滚在簟[①]子上——高不了一篾片
94. 豆渣加屁做的——不结实
95. 豆渣贴门神——不相粘
96. 豆腐掉到灰里——吹、吹不得，打、打不得
97. 豆腐铺里开张——亮块头
98. 两个叫鸡公在一起——搞不到一堆
99. 两个学生打架——为笔（未必）
100. 肖家的婆婆管你——无人管
101. 围桶打破了——粪涌（奋勇）向前
102. 围桶高头贴和合——好大的讲究
103. 炊箅[②]冇得眼——不过气

① 簟，音电。
② 箅，音皮。

104. 告花子打年货——一样一点

105. 告花子吃蚕豆——穷嚼

106. 告花子走夜路——穷忙

107. 告花子把得米压死了——自讨的

108. 告花子的姆妈在月里——要么事冒得么事(要什么没有什么)

109. 告花子佮不得讨米的——自己人佮不得自己人

110. 何家里姑娘嫁到郑家里——郑何氏(正合适)

111. 坐在磨子高头——想转了

112. 肚脐眼插鞭炮——闹眼子

113. 闷头鸡子啄白米——阴坏

114. 床底下放风筝——任高也不高

115. 屁股后面绑炸弹——响(想)不得

116. 屁屁掉得锅里——炒屎(吵死)

117. 抹布绣花——不是那块料

118. 抻手不见五指,挖口不见牙齿——黑暗无光

119. 茅斯的砖头——又臭又硬

120. 茅斯里淌桨——敲屎(死)

121. 卖肉的弹琵琶——油手好弦(游手好闲)

122. 卖鱼的擦胭脂——者得膀腥

123. 和尚找对了门——是那个寺(是)

124. 和尚找错了门——不是哪个寺(是)

125. 佳字靠横人——有作(着)

126. 怂狗子上墙——后腿无力
127. 狗子长角——装羊（洋）
128. 狗子吃糍粑——乱搭（答）
129. 狗子进茅斯——闻进闻出（文进文出）
130. 狗子坐轿子——不受人抬举
131. 狗子啃骨头——嚼腮
132. 狗子衔称坨——润铁（贴）
133. 狗扯羊腿——胡搅蛮缠
134. 夜壶里插蜡烛——尿[①]灯
135. 夜壶掉了把——不提
136. 宝通寺的山门——人钉（丁）兴旺
137. 炉子靠水缸——你热我不热
138. 油抹布——打不湿，久不干
139. 泥巴菩萨过江——自身难保
140. 怪倒梅竹青——怪得鬼
141. 房子坐南朝北——不向（像）东西
142. 刷子掉了毛——尽是板眼
143. 居委会里失火——街里（该你）背时
144. 挑鸡子断了扁担——两头哈
145. 赵匡胤卖包子——御驾亲蒸（征）
146. 巷子里赶猪——直来直去

① 尿，音近似于读虽。

147. 茶壶里煮饺子——有货倒不出来
148. 胡敬德炒米泡——黑人扒沙(巴煞)
149. 栀子花的茉莉花——主意多
150. 树上点灯——照叶(遭孽)
151. 歪嘴吃辣椒——一时的正经
152. 背上背个死老鼠——冒充打猎的
153. 背后拉胡琴——搞反了
154. 背锄头进庙门——挖神
155. 炭元铺长大的——黑大的
156. 哈巴狗戴铃铛——快活畜生
157. 虾子炒豆芽——死不伸头(敨)
158. 虾子掉到夜壶里——尿[1]弹(谈)
159. 看三国掉眼泪——替古人担忧
160. 皇帝的茅斯——冒得你的份
161. 皇帝的脑壳——御(芋)头
162. 俞伯牙搬家——不留琴(情)
163. 姜子牙卖灰面——倒霉
164. 剃头的担子——一头热
165. 洞庭湖里吹喇叭——哪里哪
166. 洞庭湖里卖浆桩——要也不是,不要也不是
167. 洞庭湖的麻雀——经过风浪来的

① 尿,音近似于读虽。

168. 染行里失了火——架子还在
169. 洋人的房子——尽是门(路)
170. 扁担无蜡(榫头)——两头失塌(踏)
171. 穿长裤放屁——兵分两路
172. 穿裙子的伙计——冇得裆(档)
173. 祖传的钓鱼竿——老篙子
174. 说话不怕凉了牙齿——大言不惭
175. 赶马混骡子——鱼目混珠
176. 捏倒鼻子哄眼睛——自己哄自己
177. 捡到一只鞋,掉了一只鞋——还是个鞋(还)
178. 荷叶包钉子——个个想出头
179. 荷叶包黄鳝——溜了
180. 逞倒公鸡抱儿——机械死板
181. 鸭子哽螺蛳——结结巴巴
182. 鸭棚的老板睡大觉——不捡蛋(简单)
183. 缺巴子的姆妈做生——闹豁子
184. 斋公吃肉——开荤
185. 粉牌上的字——一摩(抹)就掉了
186. 烧香摸屁股——惯似了手脚
187. 烧窑的、卖瓦的——都是一把的
188. 海里摸螺蛳——难找到

189. 屙尿[①]捡到钱——运气来了
190. 黄瓜打锣——克了半坨
191. 黄瓜刷绿油漆——装嫩
192. 黄花菜的隔壁——木耳(不耳)
193. 黄连树下弹琴——苦中作乐
194. 黄泥巴掉到裤裆里——不是屎也是屎
195. 黄鼠狼拜鸡笼——冒起倒好心思
196. 黄鹤楼上看翻船——幸灾乐祸
197. 萝卜丁咽酒——烦了
198. 斜夹窝长包——叉(差)倒
199. 斜夹窝里夹巴巴——怀屎(死)
200. 拿箫当笛子——横着来
201. 排骨烧豆腐——有硬有软
202. 堂屋里杀猪房里卖——好事没外人
203. 脚底下抹油——开溜
204. 脚痒在鞋子里拱——敢怒不敢言
205. 脸上无肉——做事刮毒
206. 脱裤子打屁——多此一举
207. 猫子哭老鼠——假慈悲
208. 猫子掉了爪子——扒(巴)不得
209. 麻布袋当绣花底——底子太差

① 尿,音近似于读虽。

210. 麻雀跳到粗糠里——空喜一场
211. 阎王出告示——鬼话连篇
212. 阎王爷吃粑粑——鬼做
213. 阎王爷掉了下巴——鬼也不信
214. 阎王作报告——鬼款
215. 阎王殿里拔河——鬼扯
216. 清油炸豆腐——黄皮(陂)
217. 骑马档一扎——挖倒
218. 随口打哇哇——信口开河
219. 提起葫芦根也动——连带关系
220. 提着笼子上山——玩鸟(完了)
221. 琵琶断了弦——弹不得
222. 裁缝打架——试一烙铁
223. 裁缝的肩膀——有线(限)
224. 棺材里伸手——死要钱
225. 棺材铺里烧牙祭(加餐)——要人死
226. 棉花铺拨三弦——乱弹琴
227. 棉絮里关了门——不弹(谈)了
228. 棒槌敲磬——禁当不起
229. 酥京果冒傢盖子——一股嗝味
230. 喇叭换叫具——各人所喜
231. 锅里的粑粑——欠掺
232. 集家嘴的划子——擂倒荡

233. 腊肉下油面——有盐(言)在先
234. 猴子坐天下——毛手毛脚
235. 猴子戴毡帽——充人
236. 裤子失火——裆燃(当然)
237. 裤腰带上系秤砣——掉腰(调妖)
238. 谦祥益的房子——内外“祥”(强)
239. 属木鱼的——欠敲
240. 属炊箅的——里外受气
241. 属鸡蛋的——欠挎
242. 属麻花的——欠搓
243. 隔年的皇历——冒得么看头了
244. 摇鹅毛扇子的——出点子的
245. 像嘱咐狗子过年的——反复叮咛(还是不起作用)
246. 馍馍晒太阳——翘皮
247. 墙头上种菜——无园(缘)
248. 滗茶叶——毕业
249. 遭孽里的姆妈哭了几十场——遭孽死了
250. 鞋(还)好——袜子破了
251. 鞋铺里失火——丢楦头(掀兜子)
252. 嫩竹子做扁担——不中用
253. 槽里无食——猪拱猪
254. 瞌睡遇到枕头——正好
255. 瞎猫子碰到死老鼠——碰巧

256. 稻草拐棍——靠不住
257. 螃蟹夹豌豆——连滚带爬
258. 擤了鼻涕脑壳空——减轻负担
259. 戴着石臼玩狮子——出力不好看
260. 螺蛳壳里做道场——打不了转身
261. 癞克马打哈欠——好大的口气
262. 癞克马吃秤砣——铁了心
263. 癞克马被牛踩了——浑身是病

语料来源及参考文献

语料来源

1. 武汉电视台《都市茶座》栏目，湖北经视《哼天》栏目。

2. 长江网，荆楚网，今日头条。

3. 民间收集，亲朋好友口传相授。

参考文献

1. 朱建颂，张静. 武汉方言研究[M]. 武汉：华中师范大学出版社，2021.

2. 朱建颂，武汉方言词典[M]. 武汉：崇文书局，2017.

3. 周建民. 武汉方言900词[M]. 武汉：武汉出版社，2018.

后　记

本书收录1123个武汉方言词语、263条具有武汉地方特色的歇后语。由于是业余时间编写，因此断断续续前后耗时近5年，其中凝聚众多朋友的关爱和支持。参与这项工作的，不仅仅是本书编委会的同仁，还有很多热心的朋友，大家在抢救方言资源，为传承地方文化做贡献的大义之下，由热心人变成了参与者。尽管大家都是业余爱好者，但是在这件事情的投入上，可以说是不遗余力。另外，在编写过程中，编者因有些方言词语的解释拿捏不准，有几次在各类网站上向广大网友请教，获得了很多网友的关心和帮助，其中有些解释非常贴切和精准，令人佩服，也体现了武汉方言具有深厚的群众基础。在此向虽未曾谋面，但给予了热心帮助的网友们表示衷心的感谢。

在编写的最后阶段，编者专程拜会了华中师范大学语言研究所所长，博士生导师，“中国语言资源保护工程”湖北项目首席专家汪国胜教授。汪教授是研究武汉方言的学术泰斗，学术造诣颇深。在向汪教授请益的过程中，汪教授充分肯定了我们的编写工作，并鼓励我们继续做下去，同时对本书的后续编写提出了宝贵的指导性建议，还赠送了《武汉方言词典》《武汉方言研究》书籍供我们参考学习。在此特别感谢汪国胜教授对本书编写的指导和支持。

与此同时，经汪教授引荐，江汉大学副校长，语言文化研究中心名誉主任周建民教授把他的大作《武汉方言900词》赠予编者，编者读后获益匪浅。在此感谢周建民教授的支持。

最后，要感谢湖北科学技术出版社的李青老师，李青老师在审稿中提出了非常中肯的修改建议，给予了我们的编写工作很大的帮助。

因编者学识有限，本书难免有疏漏之处，祈望广大读者提出宝贵意见。